# MUJERES PODEROSAS

QUE TE INSPIRAN PARA PLANTARLE CARA A LA VIDA

Papel certificado por el Forest Stewardship Council®

Primera edición: febrero de 2019

© 2019, Marga Durá, por los textos
© 2019, Coco Escribano, por las ilustraciones
© 2019, Penguin Random House Grupo Editorial, S.A.U.
Travessera de Gràcia, 47-49. 08021 Barcelona

Printed in Spain - Impreso en España

ISBN: 978-84-17338-30-5
Depósito legal: B-343-2019

Compuesto en Gama, S.L.

Impreso en Gómez Aparicio, S. A.
Casarrubuelos, Madrid

DO 3 8 3 0 5

Penguin
Random House
Grupo Editorial

# MUJERES PODEROSAS

QUE TE INSPIRAN PARA PLANTARLE CARA A LA VIDA

MARGA DURÁ

ILUSTRACIONES DE
COCO ESCRIBANO

Grijalbo

# ÍNDICE

## CARA A CARA CON EL MACHISMO.
### Encuentra tus estrategias

## MANOS A LA OBRA. **Tus armas en el trabajo**

## LA BELLEZA NO TIENE NORMAS.
### Haz las paces con el espejo

## MOMENTOS DE COMPLICIDAD.
### La vida es más divertida con amigos

## BIENVENIDA AL MUNDO DE LA MATERNIDAD.
### Los claroscuros de ser o no ser madre

Este libro aborda la vida de 45 mujeres cuyos logros las han hecho mundialmente famosas. Valientes, decididas e innovadoras, puede parecer que todas ellas poseyeran una fórmula mágica para alcanzar el éxito, para sortear los escollos que les planteaba el día a día por el hecho de haber nacido mujeres. Pero no es así. Ellas tuvieron también sus dudas y sus momentos bajos. Su grandeza consistió en sobreponerse, en no dejarse vencer por los obstáculos, en encontrar su propio camino, que en la mayoría de las ocasiones no fue el que les dictaban los demás. Sin embargo, no vamos a relatar las gestas que llevaron a cabo y que son de sobras conocidas. Vamos a visitarlas cuando andaban en zapatillas, enfrascadas en encontrar la salida para sus conflictos cotidianos, conflictos como los que afectan a cualquier hija de vecino. Porque todas, famosas o no, hemos tenido que encarar situaciones que ponen nuestro mundo patas arriba y hemos tenido que contestarnos preguntas en situaciones difíciles. ¿Cómo compaginar trabajo y familia? ¿Cómo se supera un fracaso? ¿Hay que callarse las injusticias vividas? ¿Cómo lidiar con los problemas de pareja? ¿Qué se puede hacer cuando las relaciones de familia se enrarecen? ¿Cómo capear las inseguridades físicas? Seguro que todo esto te resulta extremadamente familiar. La lista es profusa y cualquier fémina que deambule por el planeta Tierra se la sabe al dedillo. Estas mujeres poderosas resolvieron sus dudas con decisiones y también nos dejaron en frases que nos pueden resultar inspiradoras, de las que podemos echar mano cuando no sabemos por qué camino de la encrucijada vital optar. Sus historias personales, que discurrieron entre bambalinas, apartadas del foco de la celebridad, son las que rescatamos en este libro. También las frases certeras que pronunciaron, tan sencillas como llenas de verdad y capaces de iluminar cualquier momento oscuro.

Y tan importante como descubrir de qué modo solucionaron ellas sus conflictos es saber cómo lo hiciste tú. Porque con el presente libro no solo te adentrarás en la vida de estas mujeres, sino que podrás iniciar un trepidante viaje interior para descubrir tu propio poder. En cada capítulo encontrarás un espacio para escribir, para reflexionar, para confeccionarte una brújula particular a la que recurrir cuando hayas perdido el norte. El libro será tu cuaderno de bitácora, que podrás consultar siempre que quieras para dar un golpe de timón en tu vida.

Estas mujeres valerosas y tus vivencias personales despertarán tu poder para plantarle cara a la vida, para no trastabillar más de la cuenta o para levantarte con gracia cuando no hayas podido evitar la caída. Porque todas fuimos, somos y seremos mujeres poderosas. ¡Encuentra y disfruta ese poder!

RELACIONES REALES
PARA MUJERES DE VERDAD

EL AMOR (POR SUERTE) YA
NO ES UN CUENTO DE ABURRIDAS HADAS

# MARIA SALOMEA SKŁODOWSKA CURIE
## (1867-1934)

**Física y química polaca, dos veces Premio Nobel,
nacionalizada francesa**

Cinco años después de enviudar, la científica polaca afincada en Francia mantuvo un romance con uno de los alumnos de su marido, Paul Langevin. El científico era más joven que ella y a la sazón estaba casado y tenía cuatro hijos. En un ataque de despecho, la esposa del interfecto robó las cartas de amor que se habían escrito los dos amantes y las publicó en un diario. El escándalo fue mayúsculo y el ataque contra Curie por parte de los rotativos, inmisericorde. Se convirtió en la mujer más vilipendiada y odiada del momento, hasta tal punto que una multitud enfebrecida, armada con piedras, rodeó su casa y ella tuvo que refugiarse con sus dos hijas en la de un amigo suyo. Curie nunca acabó de entender el revuelo que se había montado en torno a algo que tenía que ver con su vida privada y solo deseaba que acabara lo antes posible para poder dedicarse a lo que realmente le interesaba: su investigación. En aquella época iba a recibir el segundo Premio Nobel y los organizadores de la ceremonia de entrega intentaron convencerla de que no acudiera a la misma. Un buen amigo suyo, llamado Albert Einstein, le aconsejó que hiciera caso omiso de aquellas advertencias y se presentara como si nada. Así lo hizo, y recogió el premio con la cabeza bien alta, pero pagó un precio por ello. Días después fue ingresada (algunos dicen que por una afección renal, otros que por depresión), y su historia con Langevin no sobrevivió a la presión.

«El premio me lo dieron por
el descubrimiento del radio y el polonio.
Creo que no hay ninguna conexión
entre mi trabajo científico y los hechos
de mi vida privada.»

Por estas latitudes hemos abandonado la fea costumbre de que nuestros padres nos apañen matrimonios con mentecatos impuestos por negociaciones familiares. Ahora nosotras solitas escogemos al mentecato o al señor maravilloso con el que nos viene en gana desayunar. Esta libertad en ocasiones se cobra un precio: el cuestionamiento. Dependiendo de la pareja que escojas, algunos bípedos ignorantes osarán etiquetarte: «Le gustan los hombres mayores porque busca una figura paterna», «¡Es ridículo que a su edad vaya con jovenzuelos!», «No tiene autoestima y se deja ningunear por hombres casados», «No se valora y por eso escoge tipos que no tienen ni un duro».

A esos osados bípedos ignorantes les encanta dárselas de expertos psicoanalistas y pretenden definir a una mujer por algo tan accesorio como su pareja. Esto no sucede con los hombres. Un tipo inteligentísimo puede salir con una descerebrada de tomo y lomo y nadie se dedicará a criticar sus razones y aún menos a achacarlas a una psique dañada. Es más, puede incluso provocar codazos cómplices, imaginando las destrezas amatorias de la chica. Una reacción bastante machista, por cierto, porque establecer la ecuación «guapa = tonta» deja mucho que desear.

Calificar a la pareja de alguien de lista o tonta, bella o fea, sociable o anacoreta, rica o paupérrima es relativo. ¿Quién dice que es así? ¿Alguien que la trata un ratito? Y en cualquier caso, no debería ser asunto de nadie más que de la persona que la ha escogido.

Sin embargo, en ocasiones esa elección sirve para cuestionar a una mujer en otros ámbitos de su vida. Eso solo se cambia de una manera: no haciendo ni puñetero caso. Y evitando, en la medida de lo posible, preguntar a los demás qué les parece la media naranja. La búsqueda de aceptación la carga el diablo. A quien te ha de gustar tu pareja es a ti y no al vecino del quinto.

Describe un momento en el que te hayas sentido realmente bien con tu pareja y que creas que sería irrepetible con otra persona.

> «Yo consideraba que follar —es decir, con frecuencia y con buena disposición psicológica, independientemente de quién o quienes fuesen el o los compañeros— era un estilo de vida.»

## CATHERINE MILLET
### (1948)

**Escritora, crítica de arte y comisaria de exposiciones francesa**

En 2001 publicó el libro *La vida secreta de Catherine M.*, en el que retrataba con una vocación casi forense sus encuentros sexuales, que no eran pocos. La intelectual francesa relataba coitos con desconocidos, orgías multitudinarias y relaciones en lugares insospechados, y lo más importante: lo explicaba con inocencia indolente y parsimoniosa naturalidad. Su único objetivo era la obtención de placer físico. El libro, como es de suponer, levantó algunas ampollas y, sobre todo, suscitó el morbo suficiente para vender tres millones de ejemplares y ser traducido a cuarenta idiomas.

Ocho años después publicaba *Celos*, obra en la que explicaba que había pasado las de Caín cuando descubrió la vida sexual paralela de su marido. ¿Contradictorio? Más bien complementario. Disfrutar del sexo únicamente por placer, sin encadenarlo a sentimientos, no significa que estos no existan en otras situaciones. Las mujeres que deciden gozar sin ambages no tienen que ser ni frías ni calculadoras ni distantes ni ninfómanas ni seductoras ni liberadas ni transgresoras. Eso no son más de etiquetas para justificarlas. Y cuando hay justificación, hay juicio.

La descripción aséptica de su vida sexual dibuja un escenario poco conocido porque no apela a la reivindicación. El mensaje viene a ser: no tengo que acostarme con muchos hombres para demostrar que soy libre. Soy libre y por eso intercambio fluidos con quien me place.

Siglos de construcción cultural nos hicieron creer que el amor es para los hombres una forma de acceder al sexo, mientras que el sexo es para las mujeres la manera de alcanzar el amor. La imagen de una masculinidad tan ávida por descargar su simiente que inventa palabras de amor para lograrlo es igual de denigrante que la de la mujer que inmola su casto cuerpo al deseo para encadenar a un varón.

El placer sexual de la mujer ha sido una de las reivindicaciones del siglo XX, pero este tema ya está un poco superado, ¿no? Igual sería más práctico dejar de hablar de sexo con amor, sexo sin amor, multiorgasmos, orgasmos vaginales y clitorianos o número de parejas sexuales y disfrutar el sexo como buenamente queramos o sepamos. Y sin compararnos. Con la sexualidad ocurre como con Facebook: lo que muestran los demás siempre nos parece más maravilloso que lo propio.

Por otra parte, nos vendría bien dejar de formar bandos. Porque no hay mujeres para las cuales el sexo conlleva amor y otras para las que no. Esto no depende de una especie de lotería genética que nos obliga indefectiblemente a comportarnos de una manera u otra. A lo largo de la vida se pueden experimentar ambas situaciones, que no tienen nada de opuestas. O probar solo una de ellas y quedarse tan pancha. La conclusión de todo esto es que el estilo de vida sexual de cada una es el que una decida que sea.

Y, por supuesto, siempre habrá dudas, tanto externas —por parte de la gente bocazas con la que nos topamos— como internas —las de ese Pepito Grillo que llevamos dentro y que ya podría quedarse afónico de vez en cuando—. Así, la fémina que cuenta sus amantes con los dedos de una mano y aún le sobran quizá se fustigue creyendo ser sosainas. Y aquella a la que los dedos de manos y pies se le quedan muy, pero que muy cortos tal vez se deje influir por los que le espeten majaderías como «No te haces respetar» o «Te están utilizando». Razones para cuestionar la propia sexualidad hay tantas como para no hacerlo. Y es mucho más sano decidir no hacerlo.

Describe dos vivencias sexuales que te hayan parecido
memorables y recuerda por qué.

## ELEANOR ROOSEVELT
### (1884-1962)

**Primera dama de Estados Unidos, escritora, política, presidenta de la Comisión de Derechos Humanos de las Naciones Unidas**

«Nadie me hará sentir inferior sin mi consentimiento.»

Tener seis hijos y estar desposada con Franklin Delano Roosevelt, el presidente que sacó a Estados Unidos de la Gran Depresión y libró la Segunda Guerra Mundial, da para llevar una vida suficientemente ocupada. Sin embargo, Eleanor Roosevelt no se conformó con hornear galletas en la Casa Blanca y ser «la señora de». Por entonces se esperaba que la primera dama permaneciera a la sombra de su todopoderoso marido y fuera poco más que un florero. Eleonor Roosevelt se desmarcó de esa tradición tan machista: dio trescientas conferencias únicamente a mujeres periodistas y luchó por los derechos civiles, sobre todo por los de las afroamericanas. Llegó a enfrentarse al presidente cuando este, tras el bombardeo de Pearl Harbor, internó en campos de concentración a más de cien mil japoneses que vivían en Estados Unidos. Cuando enviudó, intervino en la redacción de la Declaración Universal de los Derechos Humanos de la ONU.

Pero más allá de sus logros cuantificables, fue una mujer libre en un tiempo en el que no era fácil serlo. El historiador J. William T. Youngs, en la biografía *Eleanor Roosevelt. La feminista que cambió el mundo*, cuenta que cuando llegó a la Casa Blanca, se compró un deportivo descapotable (un vehículo a todas luces inapropiado para la mujer del presidente) y se fue a recorrer Estados Unidos durante tres semanas con una amiga. Los servicios de seguridad intentaron disuadirla, pero fue en vano. A ella nadie le decía qué podía hacer. Eleanor Roosevelt nunca dejó de ser ella, pese a estar casada con el hombre más poderoso del mundo.

«¡Qué suerte tienes!», exclama la gente cuando le presentas a tu pareja. «Cuídalo bien, que no encontrarás a otro así», te espetan sin tener la menor idea de quién eres tú y de la relación que mantenéis. Sea porque es guapo, sea porque es rico, o exitoso, o poderoso o carismático, parece que hayas encontrado a un mirlo blanco que debes preservar como oro en paño. ¿Por qué? Y sobre todo, ¿por qué no debe él también «preservarte» a ti? Es un poco cansino el discurso que insta a las mujeres a guardar a los varones bajo llave y que incluso las culpabiliza si son abandonadas. Ya está un poco pasado de moda eso de que detrás de cualquier gran hombre hay una gran mujer. ¿Quién quiere estar agazapada tras un supuesto gigante? Tampoco es necesario, si a una no le gusta, ser el foco de atención, pero de esto a sentirse un mero accesorio hay un trecho.

Si sales con Superman, puede ocurrir que tus preocupaciones mundanas parezcan minucias comparadas con la de salvar el planeta, pero las relaciones no se basan en competir en importancia sino en saber lo que a cada uno le importa más.

Tener a Superman de novio suele parecer un chollo, sin embargo, el reverso de la medalla es la inseguridad. Lacerante y paralizante. Esa inseguridad se puede manifestar de maneras muy taimadas: desde el pavor a que en uno de sus vuelos encuentre a Wonder Woman hasta la injustificada impresión de que una no podría hacer nada sin él y su capita. Y esos miedos, llevados al extremo, en ocasiones resultan muy dañinos tanto para una misma como para la relación. ¿El antídoto? Darse cuenta de la situación y ponerlo todo en su lugar, pero, sobre todo, ser capaz de ver si el Superman en cuestión te está parasitando la autoestima o te bastas tú solita para perderla. Porque es fácil para un macho alfa con carnet certificado situarse de forma casi inconsciente en un plano superior sin darse cuenta de los daños colaterales que provoca con ello. Y eso solo se desactiva queriéndose mucho a una misma.

Anota tres cosas que crees que no podrías hacer sin él
(si no llegas a las tres, mejor que mejor).
Piensa en qué solución encontrarías si no te quedara otro remedio
que hacerlas por tu cuenta.

### Escritora, filósofa y activista francesa

Tenía veintiún años cuando conoció a un joven de veinticuatro, que respondía al nombre de Jean-Paul Sartre, con el que inició una relación que se prolongó durante cincuenta y un años, hasta la muerte de él. No fue un romance al uso: se trataban de usted, nunca durmieron juntos y se explicaban las relaciones que mantenían con otras personas. Decidieron no ser padres, pero juntos alumbraron el existencialismo, la corriente de pensamiento filosófico que marcó la segunda mitad del siglo XX. Ella, además, es una de las teóricas imprescindibles del feminismo. Y, por encima de sus logros intelectuales, que son muchos, fue una mujer que hizo con su vida lo que le salió de sus reales ovarios. Mantuvo relaciones durante años con otros hombres, se acostó con mujeres que compartían cama con su pareja y le importó un comino lo que dijeran de ella.

Aun así, ha recibido un aluvión de críticas en las que se ha interpretado su libertad como sumisión. «Sartre era un clásico mujeriego y Beauvoir, la típica facilitadora. En un principio, la bisexualidad era su forma de demostrar buena actitud», llegó a decir Louis Menand, profesor universitario y colaborador de *The New Yorker*. Acusar a Simone de Beauvoir de someterse a su pareja es una soberana sandez que, desgraciadamente, se ha repetido hasta la náusea.

Ella escogió vivir el amor de una manera distinta a la estipulada. Y es probable que como toda hija de vecino tuviera momentos dichosos y otros desastrosos, pero nadie decidió por ella cómo debía vivir su vida.

«El secreto de la felicidad en el amor consiste menos en ser ciego que en cerrar los ojos cuando hace falta.»

Estamos rodeados de un romanticismo reglado: canciones que definen sentimientos que se presuponen universales, películas que demuestran que la felicidad solo se logra a través de un tipo de amor específico o libros cuyo argumento refleja la lucha por estar con la persona idealizada para conseguir una unión estandarizada. En el inconsciente colectivo, las relaciones poseen una forma concreta, que es la que funciona. La sociedad nos vende que ese tipo de amor todo lo cura, y con lo desequilibrados que andamos, ¿quién no aceptaría un remedio así? Además, todo está pensado para ser dos: intenta conseguir una hipoteca solana o irte de viaje sin compartir habitación y verás cuán cara resulta la soltería.

Todo ello crea unas expectativas que tarde o temprano chocan con la prosaica realidad, y esa colisión suele desembocar en frustración. «No es lo que esperaba» (no se parece al ideal dictado por los productos culturales dedicados al sentimiento); «No me da lo que necesito» (como si imaginásemos que la otra persona es una máquina expendedora); «Yo me merezco más» (como si nos estuviéramos subastando al mejor postor). De este modo descartamos cualquier vínculo que no siga el modelo de perfección que nos han vendido.

En ocasiones, dicha frustración tal vez sirva para librarnos de algún gañán, pero también puede ocurrir que yendo a rebufo del modelo perfecto de relación nos estemos perdiendo algo. En cualquiera de los casos, decirte cómo tienes que amar o ser amada es adentrarse en un campo de la intimidad vetado a la generalización. Porque lo que le sirve a una puede ser un desastre para otra y viceversa.

Igual, en algún momento, podríamos relajarnos, dejar de buscar la perfección y disfrutar de lo que nos apetezca.

Haz una lista de las características de tu relación que la hacen
diferente a las demás y explica por qué te gustan.

«Soy fuerte, soy ambiciosa
y sé exactamente lo que quiero.
Si eso me convierte en
una "perra", está bien.»

## MADONNA LOUISE VERONICA CICCONE
### (1958)

**Cantante, compositora, actriz, directora
de cine, empresaria y escritora estadounidense**

La indiscutible reina del pop estadounidense no alcanzó la cima pidiendo permiso ni esperando que algún gentil caballero le abriera paso. Llegó como una avalancha, empleando la provocación no con afán de agradar sino como arma de poder. Su procaz actitud no tenía nada de servitud al heteropatriarcado, más bien al revés: pretendía asestarle una patada en los mismísimos. Sus actuaciones, sus vídeos y sus declaraciones han levantado ampollas durante cuatro décadas. Se ha enemistado con el Vaticano y con la Iglesia ortodoxa, ha dividido a las feministas y ha arremetido contra cualquier atisbo de conservadurismo. Ha apoyado el movimiento LGBT, ha integrado la estética sadomasoquista en sus videoclips y espectáculos siendo ella la que ostentaba el poder y los hombres los que ejercían de meros objetos y ha lanzado un mensaje de dominio y fortaleza femenina.

Nunca ha pretendido dar la imagen de la novia que cualquier suegra desearía para su hijo, porque a ella no la escogen, ella es quien elige. Este tipo de sensualidad femenina y, en cierto modo, feminista ha dinamitado el papel pasivo de la mujer. En las relaciones personales ha hecho lo propio. Se casó dos veces y cuenta con una dilatada lista de idilios en la que se dan cita varones de todas las nacionalidades, edades y profesiones. A casi todos ellos les ha quedado claro que serían «la pareja de Madonna», pues resultaría impensable que fuera al revés.

En la época victoriana se impuso un canon de mujer frágil y dependiente que se asoció a la feminidad más deseable. Esta mujer ejemplar era también la más dócil, la menos peligrosa y la que permitía henchir el ego masculino. Una parte de este arquetipo ha sobrevivido a varias revoluciones sexuales, y son la tira las que prefieren bajar la cabeza no sea caso que sobresalgan por encima de la de sus desposados.

La ambición y la fortaleza resultan, en ocasiones, un lugar incómodo para las mujeres. Muchas no saben cómo manejarse en él, pues existen pocos referentes al respecto. Y en cuanto a la pareja, a veces les parece que ganar más o destacar podría ser causa de tensión. ¿De verdad? ¿En el siglo XXI? ¿No es absurdo? Pues ahora viene la mala noticia: sigue ocurriendo.

Para muestra, vale un botón: en un estudio llevado a cabo recientemente en Estados Unidos se demostró que en las parejas en las que la mujer tiene un salario más elevado que el del hombre, ambos miembros mentían cuando se les preguntaba cuánto ganaban. Ella rebajaba sus ingresos y él aumentaba los suyos. En concreto, ellos incrementaron su nómina en un 2,9 %, y ellas menguaron la suya en un 1,5 %. En cambio, en los casos en los que el esposo ganaba más, la pareja era un dechado de sinceridad ante los encuestadores.

Más allá de este aterrador dato, pervive la creencia de que las chicas «demasiado» listas, «demasiado» triunfadoras, «demasiado» seguras de sí mismas o «demasiado» a secas están condenadas a estar solas. Y antes de descubrir si es una leyenda urbana o no, algunas prefieren mantener un perfil bajo, por si las moscas. Craso error. Inflar la autoestima de los hombres a fuerza de rebajar la propia no solo es triste para nosotras, también demuestra muy poca confianza en ellos. Cada vez hay más varones capaces de apreciar la fortaleza de una fémina, pero será difícil que lo consigan si nos empeñamos en parecer menos de lo que somos.

Apunta los logros de los que estás más orgullosa y por qué.
Descubrirás que no hay nada malo en ello.

# CUANDO TODO FALLA

### CÓMO ENCONTRAR LA FUERZA INTERIOR PARA AFRONTAR LA TORMENTA

## JOANNE ROWLING
### (1965)

**Escritora, productora, guionista y filántropa británica**

Este es el nombre de la autora de *Harry Potter*, que pasará a la posteridad como J. K. Rowling. La razón de las siglas es que en el mundo editorial temían que un nombre de mujer fuera veneno para las ventas de un libro de fantasía. Aquel era el menor de los problemas que asolaban a la escritora, que era más pobre que las ratas. Tras un fugaz y tormentoso matrimonio en Oporto (Portugal), se había instalado en Edimburgo (Escocia) con una hija recién nacida y subsistía gracias a las ayudas gubernamentales. Había tocado fondo, aunque anteriormente su vida no había sido un camino de rosas. Sus padres, de condición humilde, no acabaron de entender por qué había estudiado una carrera tan poco práctica como la de Filología. Su madre no conoció siquiera a Harry Potter, pues murió de esclerosis múltiple en 1990. La autora no tenía más que una poderosa idea, que redactaba en cafeterías con una vetusta máquina de escribir. La realidad, fuera de los linderos de su imaginación, era aciaga y la depresión planeaba sobre ella. De aquella oscura pulsión creó los dementores, esos monstruos que disfrutan de la desesperación de sus víctimas. En 1995 culminó su manuscrito, que fue rechazado por doce editoriales y fue publicado por un pequeño editor. Y llegó el ascenso a los cielos: en 2017, Joanne Rowling consiguió ser la escritora mejor pagada del mundo. La «madre» de Harry Potter no ha escondido nunca ese fracaso del que aprendió lo suficiente para triunfar.

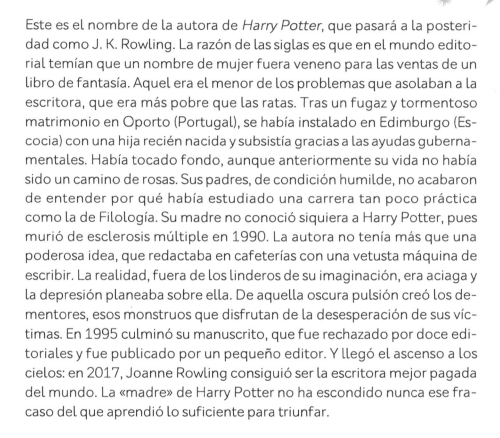

«El fracaso implicó deshacerse de todo lo innecesario. Dejé de fingir ante mí misma ser algo que no era y comencé a dedicar todas mis energías a terminar el único trabajo que me importaba.»

El fiasco tiene mil caras y todas aviesas. Se puede presentar vestido de despido, ataviado de descalabro sentimental, agazapado tras un infortunio económico o teñido de pérdida. En todos los casos es un desgraciado con el que no te tomarías ni un café y al que ansías perder de vista lo antes posible. Lo único bueno del caso es que sí, acaba yéndose, porque todo pasa y no hay mal que cien años dure y blablablá. Dicen, también, que del fracaso se aprende, pero cuando muerdes el polvo o reptas por el lodo de poco sirve que te suelten frasecitas motivadoras. Porque por alguna razón bastante obvia anhelamos el éxito y detestamos el hundimiento. Y en el momento en que este tiene el mal gusto de personarse en nuestra vida, la frustración apaga las luces; el túnel es lóbrego y al final no vislumbramos ni un puñetero led ni una mísera velita. Y aunque en ese trance la experiencia nos parezca tormentosamente única, no estamos viviendo nada del otro jueves: todo habitante del planeta Tierra ha transitado por ese lugar. Sin embargo, que sea mal de muchos no consuela demasiado, pero sí puede aliviar algunos de los daños colaterales que conlleva. Como la vergüenza. El fracaso no es una enfermedad contagiosa, es un constipado que te deja para el arrastre y esconderlo no ayuda a situarlo en su lugar. Tampoco lo hace mostrarlo adobado de victimismo y de reproche. Todas estas actitudes tan humanas propician que crezca tres tallas y parezca más enorme. Una de las pocas cosas buenas que tiene es que, como suele arrasar cual bomba nuclear, a una no le queda más remedio que reordenar las prioridades, y ese proceso en el futuro será beneficioso.

Una vez amaine llegará el momento de sacarle provecho, de ver las cosas que no habrían sido de igual modo si no te hubieras pegado tamaño tozolón, de valorar las habilidades adquiridas y de empezar a creer a pies juntillas que lo que no mata te hace más fuerte.

Recuerda algún fracaso que hayas vivido e imagina
cómo seríais tú y tu vida si no lo hubieras tenido.

## HELLEN KELLER
## (1880-1968)

### Escritora, oradora y activista política sordociega estadounidense

Las historias de autosuperación están de moda. Pero la épica de dichos relatos, y la de casi cualquier otro, languidece ante la epopeya de Hellen Keller, que le da un nuevo sentido al término «inspirador». Con diecinueve meses, Keller padeció unas fiebres de las que se desconoce la causa, aunque se apunta que pudo tratarse de meningitis o escarlatina. Se recuperó, pero las secuelas le privaron de la vista y del oído. Confinada en un mundo silente y oscuro, Keller se rebelaba con ataques de ira por lo que sus padres contrataron a una profesora de educación especial: Anne Sullivan, que padecía una minusvalía visual. Juntas iniciaron un camino que llevó a Keller a franquear su aislamiento. Primero se comunicó mediante el tacto, después aprendió a leer braille y finalmente pudo hablar. Pero no se conformó con eso, fue la primera persona sordociega en licenciarse en la universidad. En esa época tomó conciencia de las desigualdades, tanto de las sufridas por la gente con discapacidad como de las que afectaban a la población desfavorecida. Fue una activista muy ligada a los movimientos socialistas feministas, que llegó a ser investigada por el FBI y cuyo nombre apareció en las listas de los comunistas más peligrosos de Estados Unidos. La prensa desvalorizó su lucha argumentando que la discapacidad nublaba su raciocinio, a lo que ella contestó que resultaba curioso que los mismos que habían ensalzado sus logros eran los que ahora la criticaban. Escribió más de una docena de libros e incontables artículos, dio conferencias en treinta y nueve países y fue amiga de Mark Twain, Charles Chaplin y John F. Kennedy. Y, sobre todo, rompió con los tópicos que pendían sobre las mujeres discapacitadas en aquella época.

«Cuando una puerta de felicidad se cierra, otra se abre, pero muchas veces miramos tanto tiempo la puerta cerrada que no vemos la que se ha abierto para nosotros.»

ENCUENTRA
LA OPORTUNIDAD

Tenemos la fea costumbre de hacer planes y de enfurruñarnos si no salen tal y como los pergeñamos. Pues cuando algo no acontece del modo en que lo imaginamos, automáticamente nos convencemos de que es «malo», mientras que cuando las cosas discurren según lo previsto por nuestra mente y nuestras expectativas, nos convencemos de que son «buenas». Muchas son las corrientes del crecimiento personal que intentan soslayar los calificativos «bueno» y «malo». Porque una cosa es lo que sucede y otra muy diferente es cómo lo interpretamos. Pongamos un ejemplo: romperse un pie puede parecer una catástrofe en el momento. Te puedes concentrar en pensar en las cosas que no podrás hacer o en lo pesada que será la recuperación. O también puedes aceptar la situación y fijarte en qué puedes aprender de ella. Quizá, siguiendo con el ejemplo del pie, puedes aprovechar el tiempo de reposo para hacer un curso online, leer libros o reflexionar sobre tu carrera o tus relaciones. Lo que está claro es que tienes el pie roto y que el tiempo que dediques a lamentarte no va a cambiar esa realidad.

Hellen Keller se pasó buena parte de su infancia enojada contra un mundo que no podía entender. Cuando con ayuda de Sullivan consiguió comprender su diferencia, fue capaz de hacer que esta jugara a su favor. Su vida se convirtió en algo muy distinto de lo que hubiera sido sin la enfermedad y pudo hacer cosas que seguramente no hubiera conseguido sin ella.

Evidentemente, cuando pensamos que los planes se tuercen, es difícil encontrar esas oportunidades escondidas, aunque no imposible. Es normal darse un tiempo para el pataleo, pero una no se puede quedar anclada en él. El «pobrecita de mí, qué mala suerte tengo» no sirve para nada. Aunque cueste, toca asumir la situación, ser consciente de que los lamentos no la cambiarán y ver qué se puede sacar de ella.

Haz una lista de situaciones que te parecieron terribles
y de lo que aprendiste de ellas.

# GABRIELLE «COCO» CHANEL
## (1883-1971)
### Modista y empresaria francesa

«No importa lo que pienses de mí.
Yo no pienso en ti en absoluto.»

Pasó la mitad de su infancia en un hospicio y el resto de su vida intentando ocultar sus orígenes humildes. No se esperaba un pasado de baja estofa de la mujer que capitaneó la elegancia femenina, que arrancó el incómodo corsé de los armarios de sus contemporáneas y creó piezas icónicas que han perdurado hasta nuestros días. Coco Chanel (llamada así por el título de una canción que interpretaba cuando se ganaba la vida como cabaretera) fue la primera modista cuyo nombre trascendió y devino marca. Nunca pensó que sus sucesores (en especial Christian Dior y Cristóbal Balenciaga), siendo hombres, pudieran conectar con el gusto femenino, pero finalmente ha sido al revés: el suyo es uno de los pocos nombres de mujer en el Olimpo de la alta costura.

Ambiciosa, decidida, deslenguada y con un concepto estético tan claro como revolucionario, la diseñadora lidió con muchos enemigos a lo largo de su carrera. Durante veinte años mantuvo un contencioso legal porque sus socios le dejaron únicamente un 10 % de los beneficios del famoso perfume Chanel N° 5. También le llovieron críticas por sus amoríos, que nunca acabaron en boda. Artistas (como el poeta Pierre Reverdy, el pintor Salvador Dalí o el compositor Igor Stravinski) y nobles (como Étienne Balsan o el duque de Westminster) fueron algunos de los muchos hombres que desayunaron con la modista. A lo largo de su vida, fue juzgada por la sociedad biempensante sin que ninguna diatriba la despeinara ni la apartara del camino que se había marcado.

Las críticas, las puñaladas traperas y las zancadillas duelen. Saber que hay alguien esperando a que te equivoques, e incluso maquinando para que esto suceda, no es plato del gusto de nadie. Pulula por estos mundos de Dios gente muy taimada, capaz de clavarnos un cuchillo por la espalda y denunciarnos por tenencia ilícita de armas. Y para la inmensa mayoría de los mortales es difícil conseguir que esto no les afecte. En estos desagradables momentos, el mundo parece un sitio de lo más hostil.

Cuando algo así ocurre, acechan varios peligros que se sumarían a la pesadez de tener a alguien poniéndote palos en las ruedas. El número uno: intentar saber por qué. Nunca vas a poder averiguarlo y lo que harás será especular hasta que no te quede ni una sola neurona reutilizable. Peligro número dos: generalizar. Pensar que todo el mundo actúa siempre del mismo modo son ganas de tullirse. Si analizas esas afirmaciones, descubrirás que no son ciertas. Peligro número tres: odiar mucho, a manos llenas, hasta tramar cruentas venganzas. Todo el tiempo que empleas en pensar en el otro es tiempo que te robas del que podrías destinar a pensar en ti.

El daño que pretenden infligirte se puede elevar a la enésima potencia si caes de bruces en estos peligros. Una forma de salir del hoyo es aparentar indiferencia. Al principio la estrategia puede ser una fachada: no hablar de lo que ha pasado, no comentarle a todo ser viviente lo que te están haciendo, no darle bola al desalmado o desalmada en cuestión. Y de tanto aparentar, igual hay suerte y te lo crees. Por ejemplo, algunos especialistas recomiendan dedicar un tiempo concreto (pongamos diez minutos o media hora al día) a pensar en el tema que nos atormenta y hacer un esfuerzo el resto de la jornada por no enroscarnos en los pensamientos negativos. El objetivo es ser consciente de lo que ocurre e intentar salir lo mejor paradas posible de la situación sin permitir que nos fagocite la vida.

Escribe lo peor que te ha hecho esa persona e intenta no volver a pensar en ello. Ya lo has lanzado sobre el papel, ahora olvídalo.

## MONIQUE WITTIG
## (1935-2003)

### Escritora y ensayista francesa

Esta escritora francesa estaba hasta las narices de que la etiquetaran, básicamente por ser mujer y ser lesbiana, y que le dijeran qué era lo que se esperaba de ella, así que decidió atajar el problema de raíz. Empezó por desmontar los géneros. La clasificación de las personas en «hombres» y «mujeres» era para ella una imposición social en la que las últimas se llevaban la peor parte. Ser mujer, socialmente, significaba establecer una relación de sumisión y dependencia con los hombres. Además, a las mujeres se les imponía una serie de obligaciones: cuidado doméstico, reproducción, deberes conyugales... Todo esto es lo que definía socialmente el rol femenino y a ella no le gustaba nada de nada. Por tanto, como era lesbiana, aseguró que no se sentía mujer. «Las lesbianas no son mujeres», proclamó ante los estupefactos oídos de sus contemporáneos. También defendía que los hombres homosexuales no eran hombres.

La ensayista abogaba por las relaciones en igualdad de condiciones, en las que nadie estuviera por debajo de nadie y en las que se recordara que todos somos independientes si nos libramos de los estereotipos transmitidos por la sociedad. Se trataba, en cierto modo, de retroceder al momento previo a la socialización, cuando éramos personas antes de que nos asignaran un sexo. Ese instante primigenio en el que no había contradicciones y en el que, si se hubiera alargado, habríamos podido llegar a ser plenamente independientes.

Resulta difícil recordar ese momento al que alude Wittig antes de sociabilizarnos, en el que éramos criaturas independientes. Es más fácil recordar la ausencia de alguien por quien perdimos, voluntariamente, parte de nuestra autonomía vital. Esto se puede aplicar a situaciones muy variadas: una ruptura, un fallecimiento, una discusión que te aleja de alguien querido, una trifulca con un grupo de amigos que parece condenarte al ostracismo, la típica mudanza a Katmandú de tu mejor amiga... El resultado de cualquiera de estas situaciones suele ser similar: a la tristeza se le suma el desamparo. Volvemos a ser niños abandonados y como tales no sabemos cómo solventar un montón de cosas que en algún momento asumió la otra persona. La canción que suena de fondo es: «No voy a ser capaz de hacerlo sin esa persona». Apaga la radio, porque esta canción pegadiza solo da dolor de cabeza.

Aun así, es muy natural que suceda. La soledad apela a la nostalgia y se ceba en los detalles. Nos pensamos incapaces de montar un mueble de Ikea o de tomar una decisión sin el consejo del individuo o individua que ya no está aquí. Las carencias trazan abismos, los defectos mutan en gigantes, las inseguridades se reproducen como amebas con trastorno de hiperactividad. Y ante este panorama, es normal pensar que la vida te supera. Pero se trata de una impresión transitoria, que va desapareciendo a medida que descubres que ni tú eres tan inútil ni la otra persona desfacía tantos entuertos.

Es el momento de espabilar, de recordar que durante un tiempo una se desenvolvió con tino por la vida y que lo puede volver a hacer. Y también es tiempo de pedir ayuda a los amigos cuando el sentimiento de indefensión se haga abrumador. Por suerte o por desgracia, nadie es tan imprescindible como lo imaginamos. La única persona sin la que no se puede vivir es una misma.

Haz una lista de las cosas que hacía la otra persona y deja un espacio en blanco. A medida que vayas haciéndolas tú, táchalas, anota la fecha y explica cómo fue.

# ISABEL ALLENDE
## (1942)

### Periodista y escritora chilena

La autora ha tenido una vida plagada de sinsabores a los que ha sabido darles la vuelta. Fue abandonada por su padre, que le concedió la nulidad matrimonial a su madre a cambio de no tener que ver nunca más a sus hijos, lo cual no debió de ser muy agradable para la niña Allende. Años después, cuando trabajaba de periodista, tuvo que identificarlo en la morgue, creyendo, por el apellido, que se trataba de su hermano. Se encontró ante el cadáver de un desconocido que posteriormente supo que era su padre. Fue la primera vez y la última que lo vio.

Años después se vio obligada a huir de Santiago de Chile, perseguida por Pinochet por ser la sobrina de Salvador Allende, el presidente derrocado por el dictador. Su abuelo enfermó y ella sabía que no podía volver a su país para despedirse de él, así que empezó a escribirle una carta, que acabó convirtiéndose en su primera y más famosa novela, *La casa de los espíritus*.

El golpe más amargo fue el de la muerte de su hija, Paula, cuando esta tenía veintinueve años. La joven padeció un ataque de porfiria que la dejó en coma durante un año, tras el cual falleció. A lo largo de este tiempo le escribió una carta cada día, cartas que le sirvieron para sobrellevar la angustia y que fueron compiladas en un libro.

Con todas estas tristes vivencias, la escritora tendría razones suficientes para andar un poco amargada. Pero no lo hizo. Allende desprende raudales de positividad en las entrevistas que concede y habla sin miedo ni demasiado dolor sobre lo que ha vivido.

«Memoria selectiva para recordar lo bueno,
prudencia lógica para no arruinar
el presente y optimismo desafiante
para encarar el futuro.»

El pasado puede acabar siendo una trampa que emponzoña el presente. Quizá porque lo miras como al culpable de todas tus desventuras. También porque lo recuerdas como un tiempo mítico y dejas que te atenace la nostalgia. O, simplemente, puedes aprender de él, apreciar lo bueno que tuvo sin necesidad de aferrarte a la añoranza lacerante ni a la crítica rabiosa.

Nadie sería lo que es ahora sin lo que le ocurrió antes. Y nadie sería capaz de afrontar su presente sin lo que aprendió de los momentos pretéritos. Así las cosas, recordar lo bueno y reconocer las enseñanzas es la mejor fórmula para situarse en el aquí y el ahora. Por otro lado, también es la más adecuada para mirar la bola de cristal del futuro con confianza. Y con seguridad. Porque, al fin y al cabo, si una superó tantas cosas, puede tener la certeza de que será capaz de afrontar las que están por venir.

Congraciarse con lo ocurrido es la manera de caminar por la vida sin pesadas mochilas que impidan avanzar. Ello no significa olvidar, sino dejar descansar lo acontecido en su lugar, en su tiempo verbal pasado, en vez de arrastrarlo constantemente al presente.

Muchas corrientes de autocrecimiento, capitaneadas por el mindfulness, alertan de la importancia de vivir el presente, de ser conscientes de lo que ocurre a nuestro alrededor sin engancharnos a la maraña de pensamientos que desbordan la mente y que regurgitan pesares del pasado e incertezas del futuro. Cada persona sabrá cuál es su forma de conseguirlo: meditar, practicar yoga, correr un maratón o hacer el pino puente. El medio es indiferente si se alcanza el objetivo: caminar sin tantas cargas por la vida. Es la mejor forma de conseguir un poco de tranquilidad y darle esquinazo a los dolores del pasado y a las ansiedades del futuro.

Apunta los momentos del día en los que estés tranquila y te sientas bien. Intenta encontrar los puntos que tienen en común.

# DE PUERTAS PARA ADENTRO

HA LLEGADO LA HORA DE TOMAR
LAS RIENDAS DE TU VIDA

## INGRID BERGMAN
## (1915-1982)

**Actriz sueca considerada uno
de los mitos del séptimo arte**

La insultaron, la amenazaron y le dijeron de todo menos bonita. Y eso que lo era un rato. ¿La razón? Se enamoró del director italiano Roberto Rossellini durante el rodaje de *Stromboli* (1950). Había un pequeño detalle que complicaba el romance: ella estaba casada. El director también estaba desposado y, además, tenía como amante a la actriz Anna Magnani. Tras el rodaje, Bergman descubrió que estaba embarazada, lo que la puso en la picota. Recibía cartas amenazantes a diario. La vilipendiaban con todos los sinónimos que hacen referencia al oficio más antigua del mundo y le decían que su hijo iba a nacer con malformaciones por sus pecados. Ambos se divorciaron y la intérprete pagó un precio muy alto: su marido se quedó con la custodia de su hija. Eso sirvió para echar más madera a la hoguera: se la acusó de ser una madre desnaturalizada que renunciaba a su hija por seguir sus bajos instintos.

La Iglesia luterana sueca y la católica italiana la condenaron, y en el Congreso de Estados Unidos incluso se presentó una propuesta para que no se estrenara el film porque la protagonista era una «influencia maligna».

Bergman no se defendió ni justificó. Tras ocho años de amor, seis películas rodadas y tres hijos de aquella unión, Rossellini se largó a rodar un documental a la India y se lio con la actriz Sonali Dasgupta, que acabó siendo su mujer. La actriz sueca regresó a Hollywood, que «perdonó» sus «desmanes». Ella mantuvo hasta el final de sus días que no iba a permitir que su vida privada fuera cuestionada.

«No me arrepiento de nada.
No hubiera vivido mi vida de la forma
en que lo hice si me hubiera preocupado
por lo que la gente opinaba.»

Estás en casa, sola, reflexionando sobre algo que te preocupa o que te plantea algunas dudas. Tal vez tengas que tomar una decisión importante, quizá estés analizando si un aspecto de tu vida está yendo en la dirección correcta o, a lo mejor, únicamente estés recordando lo último que te ha pasado y decidiendo cómo interpretarlo. Intentas escucharte a ti misma porque estás segura de que tienes la respuesta, pues en el fondo o en la superficie todos sabemos lo que queremos hacer. Aun así, el torrente de pensamientos te trae un montón de voces chillonas: las de todos los que han opinado sobre la cuestión. Y, además, los que te han criticado hablan con un volumen muy alto en tu cabeza. Es normal que ocurra esto. A todos nos gusta agradar y nos disgusta que nos critiquen. Somos animales sociales que ansiamos pertenecer a un grupo y ser aceptados. Pero sacrificar la individualidad por la aceptación grupal es una soberana estupidez, pues acabas viviendo la vida que se supone que complacerá a los demás y no la propia. En esos momentos hay solo una persona que sabe qué debe hacer: tú misma. Y sí, no nos vamos a engañar, puedes equivocarte, y mucho. Puedes meter la gamba hasta el cuello. ¿Y qué? Al menos el error será tuyo, y no de un bocazas que pasaba por ahí y te ha dicho lo que tenías que hacer.

Siempre hay una voz interior y un instinto poderoso que te indican el camino que quieres seguir. Y ahora viene la buena noticia: son tu voz y tu instinto. Eres tú la que calza tus zapatos y sabe qué es lo que te conviene, te apetece o te viene en gana hacer. Si no lo haces, siempre te preguntarás qué hubiera sucedido. El poder de saber que estás viviendo lo que has elegido no tiene precio. Te otorga el control de tu vida y te hace más fuerte, más sabia, más independiente. ¿Quién se querría perder una experiencia como esa?

Enumera las decisiones que has tomado contra
la opinión de los demás y que te funcionaron.

# OPRAH WINFREY
## (1954)

Presentadora de televisión, actriz, productora,
empresaria y filántropa estadounidense

«Agradece lo que tienes y terminarás
teniendo más. Si te concentras solo en lo
que te falta, jamás tendrás lo suficiente.»

La vida de la que acabaría siendo la afroamericana más rica del planeta no tenía muy buena pinta en sus inicios. No nos andemos con eufe-
mismos: tenía una pinta desastrosa. Era tan pobre que llevaba los ves-
tidos que su abuela le hacía con la tela de los sacos de patatas, lo cual,
además de ser triste de narices, la convirtió en el hazmerreír de sus
compañeros. Sufrió los abusos físicos y psíquicos de varios miembros y
amigos de su familia. A los trece años se escapó de casa. A los catorce
fue madre de un bebé prematuro que falleció. La rebelde Oprah fue
enviada a casa de su padre, que le hizo leer libros y estudiar. El resultado fue un giro de ciento ochenta grados en su vida: se graduó con ho-
nores e ingresó en la universidad.

Su estilo fresco y directo triunfó en la televisión y de qué manera.
La presentadora y actriz se ha convertido en una metáfora con patas:
de la superación, del feminismo, de los derechos de los afroamericanos, de la protección a la infancia... Su imagen es ya un epítome de los
valores progresistas, que necesita de poco para definirse, pues es una
amalgama que proyecta un mensaje tan epidérmico como potente.
Y sobre todo optimista, porque Oprah Winfrey es la predicadora pla-
netaria del buen rollo y la felicidad y de las segundas oportunidades y
la fuerza de voluntad. En cierta forma, se ha convertido en un producto destinado a inspirar y a redimir.

## LAS CARENCIAS
## ENGENDRAN CARENCIAS

La frase de Oprah Winfrey bebe de las fuentes de la ley de la atracción. Esta creencia se fundamenta en que los pensamientos de las personas configuran su realidad. Por lo tanto, cuantas más ideas negativas aparezcan en tu testa, más indeseables serán tus días. Y si te dedicas a barruntar felices escenarios, tu existencia discurrirá por ellos. La ley de la atracción cuenta con muchos parroquianos y también con detractores que la tildan de pseudociencia. Más allá de si funciona o no, hay algo que es cierto: quejarse a diario nos hace gruñones y antipáticos, y probablemente provoca que nos salgan más arrugas. Pese a ello, es algo que está muy arraigado en nuestra sociedad. Nos llamamos para explicarnos las cosas negativas que nos han acontecido; estamos a la defensiva, pensando en lo que nos molesta de los demás y tendemos a sociabilizar criticando a famosos, políticos o colectivos que no son de nuestro agrado. ¿Cuánta energía perdemos quejándonos o compadeciéndonos? Seguramente mucha más que la que empleamos buscando soluciones.

A casi cualquier habitante del globo terráqueo le ha ocurrido alguna vez que todo le ha salido al revés. Pasarse el día enunciando agravios genera una tensión malhumorada con la que difícilmente conseguiremos transformar la situación. Darnos cuenta de lo que tenemos, en vez de poner el foco en lo que nos falta, es sin duda una forma de ser más feliz o, al menos, de restarle amargura a la vida, que ya es algo.

Eso tampoco significa que debamos instaurar una dictadura de la felicidad, en la que todas tengamos que sonreír como si estuviéramos en un musical y sentirnos culpables si el ánimo flaquea. Existe un punto medio y saludable. Evidentemente, habrá momentos en los que nos sobrarán razones para quejarnos. Pero habrá otros en los que en vez de buscar el puntito negro en la pared blanca, deberíamos aprender a disfrutar (y agradecer) la blancura.

Enumera cosas por las que te has quejado y que realmente
no son tan graves y decide dejar de hacerlo.

> «No temo a las tormentas
> pues estoy aprendiendo a navegar
> con mi bote.»

## LOUISA MAY ALCOTT
## (1832-1888)

### Escritora y activista estadounidense

Le encargaron que escribiera un libro para chicas jóvenes. Respondió que no le interesaban las chicas jóvenes. Después oteó la cifra del contrato y cambió de parecer. Dos meses más tarde entregó a sus editores *Mujercitas*, una novela que ha robado el corazón de varias generaciones de lectores y lectoras y que ha despertado alguna que otra conciencia. En la obra, se entrevé el sueño de una mujer independiente que construye un relato audaz basándose en retazos biográficos.

Louisa May Alcott, al igual que sus otras tres hermanas, fue educada por su padre, que era escritor, filósofo, pedagogo y un tanto idealista. Durante dos años, la familia vivió en una comunidad que seguía una dieta vegana y pretendía autoabastecerse, hasta que la utopía derivó en ruina económica. Louisa May Alcott, que era muy joven, se puso a trabajar de institutriz, costurera, asistenta y escritora de cuentos por encargo. Con los años acabó siendo a efectos prácticos la cabeza de familia. Cuando su madre murió, cuidó de su padre y sus hermanas y se hizo cargo de su sobrina.

Además de ser una prolífica autora, tuvo tiempo de implicarse en casi todas las causas justas que encontró a su paso: la alfabetización femenina, la solicitud de divorcio por parte de las esposas, la igualdad entre hombres y mujeres y la abolición de la esclavitud.

Nunca se casó porque no quiso hacerlo. En algunos de los artículos que firmó defiende la soltería como única forma posible de que una mujer alcance la independencia, que era el objetivo de su vida.

# EL VALOR DE SER INDEPENDIENTE

La independencia de una mujer parece algo así como la búsqueda de Eldorado. Te pasas la vida tratando de dar con el modo de ser la perfecta mujer independiente, convencida de que el resto de las féminas posee una fórmula magistral que tú desconoces, y parece que todo el mundo se empeñe en demostrarte cuán lejos te hallas de lograrlo. Si tienes pareja te dirán: «Es que no sabes estar sola». Si no llegas a final de mes, te espetarán: «Es que eres un poco desastre organizando tu economía». Si has triunfado en tu trabajo y vas de cráneo, escucharás: «Deberías planificarte mejor el tiempo». Si tienes una casita con garaje en la que vives plácidamente, oirás: «Es que nunca te has atrevido a arriesgar». No hay forma de hacerlo bien. Y a veces ni siquiera hace falta que un ente ajeno suelte ese tipo de frases, nosotras mismas podemos decírnoslas cuando estamos a solas. Por alguna extraña razón, imaginamos que hay supermujeres, amazonas de su destino capaces de hacerlo todo bien y sin ayuda: ser laureadas profesionales, seductoras amantes, consumadas economistas domésticas, viajeras avezadas, interioristas de hogares sonrientes... Pero no. Este tipo de chica es como la Viuda Negra y la Bruja Escarlata: solo existe en la ficción. Las humanas corrientes y molientes no alcanzan la matrícula de honor en todas las facetas de su vida, porque tampoco es necesario. La perfección está sobrevalorada.

No es imprescindible saber hacerlo todo para demostrarnos que somos capaces de capitanear nuestra vida. Por suerte, no somos náufragos en una isla desierta. Y no hay nada de malo en tomar la «independiente decisión» de recurrir a alguien cuando es preciso ni eso nos convierte en unas damas dependientes o en la vergüenza del feminismo. Podríamos empezar a entender la independencia como la capacidad de encontrar recursos para resolver situaciones en vez de relacionarla con tener habilidades para todo.

Recuerda una situación en la que hayas vencido
un problema y escribe cómo lo hiciste.

«Cuanto más vieja soy, mayor me parece
el poder que tengo para ayudar al mundo;
soy como una bola de nieve que cuanto
más lejos rueda, más crece.»

## SUSAN B. ANTHONY
## (1820-1906)

**Feminista y sufragista estadounidense**

Dedicó su vida a una lucha de la que no vio los resultados, pero estaba segura de que llegarían. «El fracaso es imposible», contestó al final de sus días cuando le preguntaron si creía factible que las mujeres votaran algún día. Había pasado cinco décadas batallando por ello y no había desfallecido. Hasta los ochenta años ocupó la presidencia de la Asociación Nacional Americana pro Sufragio Femenino.

Susan Bromwell Anthony aprendió muchas cosas en aquel tiempo. Por ejemplo, el arte de la oratoria. Para esta licenciada en Pedagogía, hablar en público era un gran reto, pero lo superó y de qué manera. Durante cuarenta años dio un centenar de conferencias anuales en las que alzó su voz contra numerosas injusticias. Apoyó los movimientos antiesclavistas y otra causa que tristemente sigue estando de actualidad: la lucha por la igualdad salarial entre hombres y mujeres. Sin embargo, su gran batalla fue la del sufragio universal. En 1872 votó junto con otras catorce mujeres, que una semana después fueron arrestadas por violar las leyes federales. La condenaron a pagar una multa y, en un acto de rebeldía, se negó a hacerlo. Hasta el último día de su vida siguió reivindicando el derecho al voto de las mujeres. Sabía que no llegaría a poder ejercer ese derecho, pero también era consciente de que su lucha había sido imprescindible para que otras mujeres lo consiguieran en un futuro. Tras su muerte, tuvieron que pasar catorce años para que las mujeres depositaran sus papeletas en las urnas.

Cumplir años nos hace más sabias y sin embargo parece que tenemos algún problema no resuelto con eso de hacernos mayores. Vivimos en una cultura que pondera la juventud y la dibuja como un paraíso perdido. Pero ¿de verdad lo es? Si nos paramos a pensar un poquito, ser joven tampoco es tan tan divertido como lo pintan. A esa edad se tienen muchas dudas por superar, muchos desgarros por vivir, muchos errores por cometer. Aun así, ¿cuántas veces habremos oído decir o dicho que nos gustaría tener menos edad de la que tenemos, volver atrás diez o veinte años? En cambio, si recordamos exactamente lo que ocurrió en décadas pasadas y los granos de arena que se nos hicieron montañas, concluiremos que resultaría muy tedioso volver a ser lo que fuimos.

Es cierto que cuando eres más joven las ilusiones son más intensas, pero también lo son las decepciones y, sobre todo, la forma de afrontarlas. La edad nos da tablas, nos ayuda a relativizar, atempera el impulso y aumenta la reflexión. Y también la intuición. De jóvenes vivimos muchas situaciones en las que nos sentimos perdidas. Con el paso de los años somos capaces de identificarlas, de analizarlas, de entender su mecanismo y de actuar en consecuencia. Sin embargo, lo más importante es que podemos hacerlo con seguridad. Posiblemente, eso es lo mejor de cumplir años: la confianza templada. Ya no se trata de aparentar, de demostrar, de querer superarse, sino de echar mano, con toda la tranquilidad del mundo, a lo que se sabe. En el trabajo, en las relaciones, con la familia... en cualquier faceta de la vida se ha sedimentado un conocimiento que aparece cuando lo necesitas, de forma casi automática sin demasiado esfuerzo. Este es el poder de los años y la experiencia, y vale la pena disfrutarlo.

Piensa en cómo eras hace diez años y cómo eres ahora.
Apunta lo que has aprendido y lo que te gusta de ti ahora.

## Periodista, escritora
## y activista estadounidense

En 1963, Steinem irrumpió con brío en el panorama periodístico: se disfrazó de conejita de *Playboy* y narró en primera persona las vejatorias condiciones de trabajo con las que lidiaban las mujeres que eran consideras el sumun de las lúbricas fantasías masculinas. Siguió poniendo el dedo en la llaga: habló de los abortos que se realizaban en el sótano de una iglesia neoyorquina o de cómo cambiaría el mundo si los hombres tuvieran la regla. Hasta entonces, el periodismo «femenino» trataba de mascarillas y de trucos para atar corto a un marido. Ella demostró que los intereses de las mujeres eran más amplios que un crepado e hizo reportajes que nadie había hecho. Y aun así cobraba menos que sus compañeros. Una vez se encaró por ello con su editor, que para «compensarla» le envió como regalo un bolso. Ella lo devolvió. Esperó que le restituyeran el dinero, cosa que nunca sucedió.

Durante años, la escritora creyó que la batalla por equiparar sus derechos a los de los hombres era individual. Hasta que descubrió la fuerza de la unión y se convirtió en una de las impulsoras de la Segunda Ola del Feminismo en Estados Unidos. En uno de sus libros, *Revolución desde dentro*, explica que tradicionalmente la autoestima de la mujer se construye primero con su belleza y después con los méritos de su marido, mientras que la del hombre depende de sus acciones. Steinem cree que esto se debe cambiar, por una misma y por las demás. Está convencida de que los cambios que se produzcan a nivel personal repercutirán en la sociedad.

«Una vez nos cansamos de buscar
la aprobación, nos damos cuenta de
que es más fácil ganar el respeto.»

# LA INÚTIL BÚSQUEDA DE PALMADITAS EN LA ESPALDA

¿Has cantado en alguna ocasión el blues de «nadie me valora»? Es una canción muy pegadiza, que todos entonamos alguna vez en la vida. La letra versa sobre los épicos esfuerzos que llevamos a cabo y lo desconsiderada que es el resto de la humanidad por no reconocerlos. Tiene múltiples versiones: la que tarareas en el trabajo cuando el jefe o la jefa de turno no ha apreciado tu último logro; la que cantas en el ámbito familiar cuando descubres que ninguno de tus hermanos te considera una heroína por cuidar de tus padres mientras ellos escapan de la responsabilidad al más genuino estilo Houdini; incluso hay una que se oye en el territorio de la pareja, cuando tu media naranja no es consciente de que has renunciado a tus aficiones en pro de las suyas. ¿Sabes una cosa? Que no necesitas ese reconocimiento. Es más: la valoración que tanto anhelas es una trampa. Te coloca en un plano inferior, esperando que alguien que está por encima te lance unas monedas a modo de limosna. Recuerda lo siguiente: si te has quedado haciendo horas extras como si los días duraran el doble o llevas meses yendo del trabajo a casa sin un momento para ti porque tienes que cuidar de otros o ya no bailas salsa porque ves los partidos de fútbol con tu pareja es porque tú has querido. Sí, puedes alegar que si no lo haces tú no lo hará nadie, pero aun así no es bueno pretender comprar halagos, y todavía menos amor, a fuerza de sacrificios. Dice poco de una misma intentar que la quieran por lo que hace y no por lo que es.

Tal y como dice Gloria Steinem en estos casos, es mejor apostar por ganarse el respeto. El de un jefe no se logra con palabras zalameras sino con una actitud asertiva que te permita defender lo que crees que mereces. El de la familia no se mendiga representando el papel más abnegado, sino exigiendo dinámicas justas para todos. Y el de una pareja tampoco se alcanza mediante la renuncia que después sirve de arma arrojadiza. El respeto real se demuestra con los actos y no con palabrería hueca.

Imagina qué ocurriría si dejaras de asumir
una responsabilidad que te parece injusta.

# EL PODER DE LA FAMILIA

### CÓMO RELACIONARTE CON LOS TUYOS SIN DEJAR DE SER TÚ

## EMILY DICKINSON
## (1830-1886)

Poeta estadounidense

«Una madre es alguien
a quien pides ayuda cuando
te metes en problemas.»

Una de las poetas más grandes en lengua inglesa, únicamente publicó en vida cinco poemas de los mil ochocientos que escribió. La razón no reside en que los editores fueran un tanto atolondrados y no apreciaran su potencial, sino en que ella se negó a que sus versos volcánicos vieran la luz. El porqué de esta decisión es uno de los muchos misterios que rodean a la figura de la poeta, que se encerró en la casa de sus padres, vistió de blanco durante la última etapa de su vida y se dedicó a escribir. Existen muchas hipótesis: desde que padecía epilepsia hasta que tenía una agorafobia. Lo único demostrado es que en su hogar y con los suyos encontró el amparo que necesitaba para crear. El plano sentimental también ha sido terreno abonado para las especulaciones, pues resulta difícil entender una poesía llena de sentimientos amorosos en la pluma de una mujer que supuestamente murió célibe. Se le han atribuido amores imposibles, con un abogado al que su hermano le prohibió que volviera a ver o con un pastor protestante que estaba casado. Los estudiosos de su obra apuntan también la posibilidad de una pasión lésbica por su cuñada. Sea como fuera, la artista a mitad de su vida tiró la toalla, se recluyó en su morada con su familia y dejó que su fuerza interior brotara mediante la palabra escrita. Vivió a través del papel. Tras su muerte, su hermana rescató su obra y permitió que el mundo pudiera conmoverse con sus poemas.

Si tienes un poco de suerte, contarás con algún familiar al que recurrir cuando las cosas van mal. A pesar de ello, sientes cierta reticencia a hacerlo, a admitir que te has metido en un lío del que no tienes ni idea de cómo salir. Y ese resquemor está justificado si el pariente en cuestión es lo que los argentinos llaman un «toldero». Este es alguien que te espeta: «I told you» («Te lo dije» en inglés) cuando llamas a su puerta. Y sí, eres consciente de que cuando «te lo dijo» no le hiciste caso y ahora pagas las consecuencias. Aun así, sea o no un «toldero», lo cierto es que sabes que puedes llamar a alguien y eso ya es mucho.

Las relaciones con los padres, que suelen ser los más proclives a acudir al rescate en estas situaciones, pueden haber sido conflictivas. En la adolescencia solemos hacer lo que decía Freud: matarlos metafóricamente para poder crecer. A veces nos pasamos con la crueldad del asesinato y las relaciones se resienten. En otras ocasiones los dejamos solo malheridos y su sombra nos atormenta como la de un zombi. Pero en el caso de que tengamos la suerte de que estén ahí e intuyamos que pueden rescatarnos de un desaguisado, ¿qué mal hay en pedirles ayuda?

Volver al hogar familiar tras una ruptura, pedir un préstamo antes de precipitarte a una debacle económica o solicitar un consejo cuando andas perdida no te hace menos independiente. Probablemente te hará más lista. Y más fuerte. Todo dependerá de cómo decidas explicarte a ti misma tu decisión. Si quieres verte como un reptil suplicante e incapaz, es cosa tuya. Si quieres temer que por la ayuda te exijan una compensación en forma de pérdida de libertad, deberás pactar los términos del rescate. Sin embargo, si eres capaz de comprender que tienes la fortuna de no estar sola y poder pedir ayuda, descubrirás que no pasa absolutamente nada.

Recuerda las veces que alguien de tu familia te ha echado
una mano y las consecuencias que ha tenido.

Jefa de operaciones de Facebook
y escritora estadounidense

¿Cómo nos imaginaríamos a la mujer que es la jefa de operaciones de Facebook y la mano derecha de Mark Zuckerberg? ¿Y si además añadimos que fue vicepresidenta de Google y que dirigió la tesorería de la Administración Clinton? El cliché que se persona en nuestra mente al leer tamaños logros es el de una *workaholic* de expresión impenetrable y malas pulgas. Nada más lejos de lo que proyecta Sandberg, una de las mujeres más poderosas del planeta, que sonríe en todas las fotos y admite que llora y abraza a sus compañeros en la oficina cual teletubbie. La ejecutiva afirma, orgullosa, que nunca sale de la oficina más tarde de las cinco y media, pues quiere tener tiempo para disfrutar de sus dos hijos. Además, publicó un libro (*Vayamos adelante: las mujeres, el trabajo y la voluntad de liderazgo*) y dio una conferencia en el Foro Económico Mundial de Davos (Suiza) en los que denunció lo injusto que resulta que solo el 10 % de los líderes de las cuatrocientas principales empresas estadounidenses sean mujeres.

También ha sido capaz de compartir su dolor sin temer que ello la hiciera parecer menos profesional. En 2015 descubrió el cadáver de su marido, que había fallecido repentinamente en el gimnasio. Sandberg dedicó varios post en Facebook a expresar su pesar y finalmente escribió un libro, *Opción B*, en el que hablaba sin ambages de los sentimientos que había experimentado. Y, de paso, demostró que para llegar a la cima no hace falta aparentar ser «fría y calculadora».

«Todos los departamentos de recursos humanos te sugieren que no tengas hijos. ¿Cómo vamos a lograr que avancen las mujeres si no somos capaces de hablar de este tema?»

«Puso su carrera profesional por encima de sus hijos», murmurarán algunos con desprecio al ver a una profesional con una nómina abultada y un cargo de responsabilidad. «Renunció a su trabajo para cuidar a sus hijos», comentarán otros con condescendencia al ver a una mujer haciéndose cargo de su prole. El caso es juzgar y que una tenga que dar explicaciones sobre su vida. Decir «Para ella es más importante...» (y sustitúyanse los puntos suspensivos por «el trabajo» o «la familia») implica suponer que la otra opción es «menos importante». Y las comparaciones son siempre odiosas. Sobre todo teniendo en cuenta que conciliar trabajo y familia hoy en día no es fácil.

Las profesionales exitosas tienen que enfrentarse a críticas lacerantes sobre su comportamiento como madres. Y las progenitoras que no trabajan parecen haber hipotecado su independencia. Lo más curioso del caso es que no se oyen comentarios similares acerca de los hombres. ¿Cuál será la razón? La respuesta es bien conocida.

En la mayoría de los casos en los que una mujer toma una u otra decisión, esta no es voluntaria ni agradable. En incontables ocasiones supone una dolorosa renuncia. Para la mayor parte de las mujeres se trata no de decidir lo mejor sino lo menos peor. Esto no quiere decir que no haya otras mujeres que, por el tipo de trabajo que desempeñan o por sus opciones vitales, pueden escoger libremente. Pero reconozcámoslo: suponen una afortunada minoría.

Dejémonos, pues, de exigirnos cotas de maternidad o de profesionalidad ejemplar. Si no se puede ir a todas las funciones de los niños o hacer mil horas extras, no es porque no se quiera, sino porque en la mayoría de los casos el tiempo no alcanza. Y cuando algo resulta imposible, lo mejor es no preocuparse. Que cada una lidie con la cuestión como buenamente pueda, pero, sobre todo, sin sentimiento de culpa.

Explica alguna cosa en la que crees que «fallas» y argumenta por qué. Descubrirás que en verdad no tiene tanta importancia.

«La vida es demasiado corta
para perderla en odios infantiles
y en recuerdos de agravios.»

En 1847 se publicó un libro que en poco tiempo se convirtió en el best seller de la época. Se titulaba *Jane Eyre* y explicaba las desventuras de una protagonista obstinada, independiente y feúcha, que tras una infancia calamitosa escogía sus trabajos y buscaba un amor que la tratara de igual a igual. Firmaba la novela un tal Currer Bell, el pseudónimo masculino que Charlotte Brontë empleó para lograr que se tomaran en serio su trabajo. La historia de su heroína estaba salpimentada de datos autobiográficos. La autora, que se quedó huérfana de madre a los cinco años, fue internada junto con sus hermanas en un rígido colegio de condiciones durísimas. Como consecuencia, sus dos hermanas mayores murieron de tuberculosis, por lo que a ella y a sus otras dos hermanas (Emily y Anne) las sacaron de la institución. Su padre, un severo clérigo, se empeñó en que tuvieran una buena formación, aunque todas sus esperanzas las volcó en el varón de la familia, Branwell. Sin embargo, el talento pasó de largo por su lado y convivió con las tres hermanas de Yorkshire, que revolucionaron la literatura. Entre 1948 y 1949, Charlotte perdió a todos sus hermanos y tuvo que hacerse cargo del cuidado de su padre, a la vez que seguía escribiendo. Rechazó a tres pretendientes porque consideró que no la trataban como a un igual. Finalmente se casó, pero falleció nueve meses después. Como su célebre protagonista, la escritora había conseguido estar al lado de un hombre que no la consideraba una mera pertenencia.

# NO EXISTEN
## LAS INFANCIAS PERFECTAS

Desde que la psicología nos explicó lo importante que era la infancia para el desarrollo de la personalidad, esto se ha convertido en un sindiós para los padres. Ellos son los responsables de los traumas que nos asolan, sea porque nos consintieron en demasía, sea porque nos protegieron como leones, sea porque andaban un poco despistados mientras se consolidaba nuestra psique. Casi todos estamos convencidos de que no lo hicieron tan bien como cabría esperar, e incluso sabemos en qué puntos erraron y estamos convencidos de que nuestra vida sería mucho mejor si no hubieran trastabillado en ellos. Pero si hubiese sido así, seguramente habrían incurrido en otras equivocaciones, porque no hay forma de influir en la vida de un ser a medio formar sin meter, aunque sea un poco, la gamba. Los hijos son jueces implacables, ante los cuales todo puede ser utilizado en contra del progenitor. Y no vamos a negar que hay casos que claman al cielo y padres que no han sabido ni sacar un aprobado justito, pero aun así acumular inquina y, sobre todo, imaginar que el presente sería esplendoroso si ellos hubieran obrado de otro modo es un ejercicio estéril.

Pensar, por ejemplo, que tus padres no te azuzaron para que estudiaras una carrera o que te lo pusieron todo tan fácil que ahora te ahogas en un vaso de agua es la interpretación que tú haces de tu pasado. Hay mucha gente que se pagó la carrera trabajando y personas que dejaron una vida de confort para lanzarse a la aventura. Y fue precisamente el comportamiento acaso equivocado de sus padres lo que les llevó a ser lo que son. Del mismo modo que, siguiendo con el ejemplo, los que no estudiaron o se quedaron entre algodones también tomaron su decisión. Así que igual es momento de no sentirse el desvalido fruto de las circunstancias externas sino el poderoso producto de las propias elecciones.

Enumera un par de cosas que te hubiera gustado que fueran diferentes en tu infancia y, con sinceridad, imagina si realmente hubiera cambiado tu vida presente que fueran de este modo.

## JENNIFER ANISTON
### (1969)

Actriz, productora y directora
de cine estadounidense

«Ella era impresionante, yo no.
Sinceramente, todavía creo que no tengo
ese tipo de luz, lo que está bien.»

La famosa Rachel de *Friends* de pequeña se sentía un patito feo. Ella cree que en parte se debe a las exigencias de su madre, Nancy Dow, que era una bella actriz y modelo para la que su hija nunca acababa de dar la talla. Aniston tuvo problemas de aprendizaje y hasta la edad adulta no descubrió que se debían no a que fuera mema sino a que padecía dislexia. Así las cosas, creyéndose feota y tonta de capirote y con una madre que engrandecía esa percepción, era de esperar que las relaciones entre ambas no fueran idílicas. La madre, que quedó relegada a ser una actriz de segunda mientras el éxito sonreía a su cría, tomó algunas decisiones un tanto desafortunadas que acabaron por enrarecer aún más la tensa relación. A rebufo del éxito de su hija, Dow apareció en programas de televisión aireando el pasado de Aniston, y en 1999 publicó un libro, *From Mother and Daughter to Friends: A Memoir*, con la foto de Aniston en portada. El libro se vendió como rosquillas y Aniston le retiró la palabra a su progenitora por sacar sus trapitos sucios a la luz. Ni siquiera la invitó a su boda con Brad Pitt. Sin embargo, cuando se separó de este buscó el amparo de la autora de sus días y se reconcilió con ella brevemente. La relación nunca acabó de recomponerse y volvieron a distanciarse. Antes de la muerte de Dow, tras cinco años sin verse, ambas intentaron despedirse poniendo algo de paz a tantos años de guerra.

Las relaciones entre madres e hijas son las más complicadas y las que resultan más incomprensibles cuando se ven desde fuera. Con nuestra madre podemos gritarnos, llorar y abrazarnos. O dedicarnos reproches horribles y al mismo tiempo sentir una complicidad sin parangón. Dicen los psicólogos que las madres les dan a los hijos el modelo de sus futuras relaciones sentimentales. Y para las hijas son el modelo de mujer en el que se aventurarán en la edad adulta. Estas intentarán imitarlas y se frustrarán si no consiguen seguir el modelo o decidirán que es ineficaz, lo criticarán y crearán uno propio. En consecuencia, no resulta difícil comprender por qué estas relaciones filiales son campo abonado para el conflicto. Aun así, deberíamos intentar, una vez sabemos qué tipo de mujer somos y reconocemos el de nuestra madre, decir aquello de «pelillos a la mar». A no ser que la madre en cuestión sea más mala que Angela Channing y se dedique a torturar mascotas en sus ratos libres, llega un momento en que deberíamos dejar de juzgarla. Entonces no estaría de más que nos diéramos cuenta de que las cosas de ella que más nos sacan de nuestras casillas son probablemente los defectos que menos toleramos en nosotras mismas.

Firmar la paz con la madre no significa ir a comer todos los días a su casa, ni siquiera llamarse a diario. Es algo más sutil y a la vez profundo: se trata más bien de dejar de lloriquear diciendo «es que no me entiende» para hacer el esfuerzo de comprenderla a ella. Y después aceptarla, con sus errores, que pueden ser muchos y tocarnos soberanamente las narices. Pero igual que reivindicamos, airadas, que tenemos derecho a vivir nuestra vida de la manera que mejor consideremos, tal vez deberíamos hacer extensiva esta reivindicación al modo en el que nuestra madre decide llevar la suya.

Haz una lista con las virtudes de tu madre.
Ahora haz otra con las tuyas.

## INDIRA GHANDI
## (1917-1984)

### Primera ministra de India

Hacerse cargo del negocio familiar o seguir la misma profesión que los padres es un arma de doble filo: por una parte tienes el consejo de los tuyos, y por la otra corres el riesgo de quedar relegada a ser «la hija de...». Si a eso le añades que vives en un país donde se considera una desdicha nacer mujer y que tu padre le ha plantado cara al Imperio británico y ha sido el primer ministro del país, tienes muchos números para que tu nombre aparezca en letra muy pequeñita bajo el de tu familia. Sin embargo, Indira Ghandi consiguió justamente lo contrario: su fama excedió a la de sus antepasados y sus logros ingresaron con mayúsculas en los libros de historia.

La infancia de Indira Ghandi fue bastante ajetreada. Cuando la policía no llamaba a su puerta para encarcelar a su abuelo era porque la aporreaban para hacer lo propio con su padre. En una entrevista que concedió años después a la periodista italiana Oriana Falacci comentó que el hecho de que cada dos por tres pusieran entre rejas a algún miembro de su familia le sirvió para formarse.

No es de extrañar que con tanta detención familiar acabara desarrollando un carácter independiente. Tal vez por ello les dio un buen corte de mangas a los que la encumbraron a la presidencia de su país pensando que sería poco menos que un títere fácil de manejar. Irrumpió en el panorama político de su nación y en la escena internacional como un vendaval, y, aunque su prolongado mandato tuvo claroscuros, fue considerada hasta su asesinato «la mujer más poderosa del mundo».

«Mi abuelo me dijo que hay dos tipos de personas: las que trabajan y las que buscan el mérito. Me dijo que tratara de estar en el primer grupo; hay menos competencia.»

# APROVECHAR
## LA SABIDURÍA FAMILIAR

Las batallitas de abuelos y padres suelen tener una trayectoria muy previsible en nuestra vida. De pequeñas nos fascinan tanto como los cuentos y hacen que nos enorgullezcamos de nuestra estirpe. A veces incluso pedimos que nos expliquen esas historias una y otra vez. Después las ponemos en tela de juicio, dejan de ejercer tanta fascinación y al final, por repetición, inducen algún que otro bostezo. Más adelante, sin embargo, hay momentos en que vuelven a nuestra mente y que incluso recuperan su poder inspirador, sobre todo si en nuestra vida las cartas vienen mal dadas. Cuando toca vivir episodios tirando a nefastos, podemos aprovechar aquella antigua moraleja que intentaron transmitirnos: puede que descubramos con sorpresa que es más útil de lo que imaginábamos. Quizá se trate de una batallita o de un consejo, de un «mi abuela siempre me decía...» que traído al presente aporta una comprensión de lo que está ocurriendo que resulta balsámica.

Nos obstinamos en creer que los tiempos que vivimos son únicos y que los escollos a los que nos enfrentamos nada tienen que ver con los del pasado, pero no es así, no hemos inventado nada, no somos tan originales ni siquiera en nuestros pesares. Por eso la experiencia familiar que nos intentaron inculcar y que nos parecía tan obsoleta puede ser de gran ayuda en instantes insospechados.

Queramos o no, formamos parte de una cultura familiar que tiene una especie de corpus de creencias y consejos, de sinsabores y triunfos, de valores y decisiones. Nos hemos criado escuchándolos y nos han calado como un chirimiri pertinaz. Aunque nos desmarquemos de lo que no nos gusta y tomemos decisiones completamente diferentes a las elecciones de nuestros ancestros, siempre habrá en un lugar de nuestra mente un poso de experiencia heredada al que podemos recurrir siempre que lo necesitemos.

Haz una lista de los consejos que has recibido de tu familia.
Recuerda ocasiones en las que los hayas aplicado.

> «La igualdad llegará cuando una mujer
> tonta pueda llegar tan lejos
> como un hombre tonto.»

## ESTELLE RAMEY
## (1917-2006)

### Endocrinóloga, fisióloga
### y feminista estadounidense

Esta brillante endocrinóloga empezaba a estar hasta las mismísimas narices del machismo al que se veía obligada a enfrentarse casi a diario. Había tenido que aguantar que no le concedieran un puesto en la Universidad de Tennessee y que le dijeran que era mejor que se fuera a su casita a cuidar de su marido. Y llegó el momento en que estalló. Fue cuando en 1970 el cirujano Edgar Berman justificó la ausencia de mujeres en cargos políticos de responsabilidad con este argumento: «¿Se imaginan que una mujer presidente menopáusica hubiese tenido que tomar la decisión de Bahía de Cochinos en Cuba? [...] En igualdad de condiciones, yo preferiría que las decisiones sobre la crisis de los misiles cubanos las tomara un JFK masculino antes que una mujer de su misma edad». Ramey escribió cartas a los periódicos desmontando la tronada hipótesis. Escribió, irónica, que estaba «sorprendida al saber que las hormonas ováricas eran tóxicas para las células cerebrales». Además, explicó que Kennedy padecía la enfermedad de Addison y se trataba con un medicamento que producía cambios hormonales. Tras aquel «zasca» por escrito, Berman y Ramey fueron invitados a un debate del Club de Prensa Nacional. Berman, en un tono conciliador, empezó su discurso diciendo: «Yo realmente amo a las mujeres». A lo que la endocrinóloga replicó rápidamente: «Eso decía Enrique VIII». La elocuencia de Ramey en aquel enfrentamiento la convirtió en una oradora que impartió conferencias sobre los derechos de la mujer.

«Es que tiene la regla.» Este es un argumento que cualquier mujer habrá oído alguna vez en su vida y que sirve para desautorizar cualquier opinión o comportamiento femenino. Pues cuando una mujer protesta porque su compañero de trabajo le está robando las ideas, no es que el otro sea un mediocre aprovechado, sino que lo que ocurre es que ella está menstruando. Si le montas una bronca a un amigo por dejarte plantada durante media hora, no es que el interfecto sea un impuntual, es que tú estás susceptible porque tienes el periodo. ¿De verdad es necesario seguir aguantando que nuestras hormonas sean la excusa para que cualquier gañán se libere de la responsabilidad de sus actos? Al parecer es eso lo que pretenden, ya que llevan mucho tiempo haciéndolo y lo peor es que en la mayoría de los casos funciona.

Una mujer que se subleva se ha considerado durante mucho tiempo una anomalía, y se ha creído que su reproche no podía deberse a ella misma ni, por supuesto, a lo que le habían hecho, por lo que se atribuía a una fuerza de la naturaleza que le había provocado una mutación: las hormonas. Resulta exasperante, y sobre todo, injusto.

Y sí, existen las alternaciones hormonales, que muchas veces nos hacen dudar de la consistencia de nuestros argumentos. «¿Estaré demasiado sensible por la regla o por la menopausia y estaré sacando las cosas de quicio?», nos llegamos a preguntar. Pues algunas veces la respuesta será negativa y otras veces, afirmativa. ¿Y qué? Nos han impuesto una pauta de comportamiento masculino, sin fluctuaciones, que debemos emular para ser ciudadanas prácticas, lógicas y eficaces. ¿Y qué pasa si de vez en cuando nuestro ánimo ondula? Pues simplemente que dejaremos de copiar un modelo masculino y de ocultar el nuestro como si tuviera algo de deshonroso. Los cambios hormonales no pueden emplearse como un arma arrojadiza, y mucho menos despertar el más mínimo sentimiento de culpa.

Recuerda alguna vez que hayas reaccionado
de determinada manera por sentirte demasiado «sensible».
Valora si fueron tan graves las consecuencias.
Recuerda las veces que perdiste los nervios
y analiza las razones que te llevaron a ello.

## MANAL AL SHARIF
### (1979)

**Informática y activista de los derechos de las mujeres de Arabia Saudita**

Se crio creyendo que las mujeres requerían de un hombre que les diera permiso para ir al médico, alquilar un apartamento, practicar deporte. En Arabia Saudí, siempre había sido así. Jamás se le pasó por la cabeza que pudiera conducir, pues nunca había visto a ninguna otra mujer hacerlo: su país era el único del mundo que prohibía a las féminas sentarse al volante. Su trabajo en el equipo de informática de una petrolera le permitió viajar a Estados Unidos y sacarse el carnet de conducir. Y algo estalló: se dio cuenta de que lo que había creído durante años no era cierto y decidió cambiarlo. Al regresar a Arabia Saudí condujo un coche y colgó el vídeo en YouTube, como acicate para que otras siguieran sus pasos reivindicando este derecho con la campaña #Woman2drive. En pocas horas logró ochocientas mil visitas. El derecho de las mujeres a conducir era la punta de un iceberg que yacía bajo un mar de injusticias, y sin embargo no era una bagatela. Los deficientes transportes y la peligrosidad de las calles hacen inviable que una mujer saudí pueda desplazarse al trabajo si no la acompaña un chófer, lo que es muy caro.

Corría 2011 y la joven dio con sus huesos en la cárcel en varias ocasiones, pero ya había prendido la mecha y cada vez eran más las mujeres que exhibían sus vídeos acelerando la reivindicación. El rugido del motor de Manal atronó el planeta: fue nombrada por la revista *Times* una de las cien mujeres más influyentes del mundo. El precio que pagó fue alto: perdió su empleo y la familia de su marido se quedó con su hijo, al que solo puede visitar periódicamente. Ahora vive en Sídney (Australia), donde se ha vuelto a casar y ha sido madre de nuevo. Y el 24 de junio de 2018 se culminó la lucha que había iniciado siete años atrás: por fin se permitió conducir a las mujeres saudíes.

«Solo intento cambiar mi realidad, no puedo cambiar el mundo.»

Una de las primeras cosas que hizo Manal al Sharif antes de subir al coche fue informarse de si existía una ley que prohibiera conducir a las mujeres. Buceó en el código de circulación y se sorprendió al descubrir que no había ni una sola normativa que impidiera que una fémina ocupara el asiento del conductor. Era el poder religioso el que había extendido aquella costumbre y, aunque no contaba con ningún respaldo legal, nadie se había atrevido a contradecirlo. En los años noventa, un grupo de cuarenta y siete mujeres lo había hecho y habían sido reprimidas. En 2013, un clérigo llegó a afirmar que la conducción podía afectar a los ovarios de las mujeres, provocando malformaciones en sus futuros bebés. Ya no sabían qué inventar. Y nadie se decidía a llevar un coche porque nadie lo había hecho antes. En un país como Arabia Saudí, muy poco mujer-*friendly* por decirlo finamente, este no es un asunto baladí y es comprensible que una se ocupe de otras cuestiones más prioritarias, como de no ser lapidada. Sin embargo, en Occidente, con una normativa que garantiza nuestros derechos, en ocasiones no echamos mano de las armas que poseemos también porque nadie lo ha hecho antes. Son muchas, por ejemplo, las empresas privadas en las que una mujer estará mal vista si se pide la reducción de jornada por maternidad, de modo que, ante esta perspectiva, algunas trabajadoras prefieren hacer de funambulistas con sus horarios a ejercer sus derechos. No les falta razón, pues decidir lo contrario puede frustrar sus expectativas profesionales. Y he aquí la paradoja: si nadie lo hace, nadie lo hará y seguirá siendo una excepción. Esto es aplicable tanto a la reducción de jornada por maternidad como a un sinfín de situaciones injustas que las mujeres encaran a diario. Ejercer los derechos es la forma más eficaz de reivindicarlos. Y aunque hacerlo pueda convertirse en un dolor de muelas, vale la pena dejar de quejarse y actuar. Y si finalmente optas por no hacerlo, al menos conoce tus derechos. Es la mejor forma de sentirse menos vulnerable.

Describe situaciones injustas a las que te has enfrentado y piensa con qué recursos legales podrías haber contado para protestar y qué habría pasado si lo hubieras hecho.

> «Los hombres temen que las mujeres
> se rían de ellos. Las mujeres temen
> que los hombres las asesinen.»

## MARGARET ATWOOD
### (1939)

**Escritora, poeta, profesora
y activista política canadiense**

Esta eterna candidata al Nobel de Literatura escribió una aterradora novela distópica: esto es, imaginar un futuro muy lóbrego, en el que las cosas han salido mal, pero que muy mal. Se autoimpuso una regla: solo emplearía situaciones que se hubieran dado en algún momento de la historia. Así, pergeñó el Estado de Gilead, que es en lo que se supone que se ha convertido Estados Unidos tras el triunfo del integrismo católico. Las mujeres han perdido sus derechos: no pueden trabajar y están supeditadas a los hombres. Se han institucionalizado cruentos castigos para los que no cumplen los férreos mandatos religiosos. La baja natalidad provoca que las mujeres que han tenido hijos, y por tanto son fértiles, sean violadas por los comandantes, en presencia de las esposas de estos, con el objetivo de garantizar la continuidad de la especie. Atwood tituló la novela *El cuento de la criada*, y en 2017 se convirtió en una serie de gran éxito. La escritora solo se puso puntillosa con los guionistas en una exigencia, la misma que se había fijado al escribir el relato: quería que todas las aberraciones estuvieran basadas en hechos históricos. Así, la apropiación de niños se inspira en la dictadura argentina o en la maternidad subrogada. La homofobia y el sometimiento de las mujeres, desgraciadamente, se puede ubicar en cualquier lugar y momento histórico. Atwood, que milita en causas feministas, de derechos humanos y medioambientales, consiguió un relato en el que denuncia todas las injusticias que han soportado y soportan las mujeres.

La frase de este capítulo proviene de un curioso experimento que llevó a cabo Margaret Atwood. La escritora le preguntó un día a un amigo cuál era el temor más recóndito que tenía un hombre cuando estaba con una mujer, y este le contestó que se riera de él. Atwood realizaba un estudio personal para poder construir personajes en sus ficciones y quería conocer sus miedos ocultos. La afirmación de su amigo no deja de ser sorprendente. El miedo al ridículo parece, a priori, bastante inofensivo. Al poco, Atwood hizo la misma pregunta a sus alumnas, que contestaron que temían morir a manos de un hombre. Esto ocurrió en el siglo XXI y en Occidente. Que persista el temor a ser asesinada por un hombre podría deberse a un antiguo vestigio cultural o podría ser el resultado, directamente, de ver los telediarios y constatar la cantidad de mujeres que pierden la vida a manos de sus parejas, exparejas o familiares. Es bastante probable que la segunda opción sea la acertada. En 2015 fallecieron por violencia de género 491 mujeres en la Unión Europea. Esto ocurrió, de nuevo, en el siglo XXI y en Occidente. Y si traspasamos las fronteras y nos fijamos en otros países, la situación empeora aún más. Ablación de clítoris, lapidación, bodas infantiles, feminicidios, tráfico de mujeres con finalidad sexual... Una de cada tres féminas en el mundo ha sufrido, a lo largo de su existencia, alguna forma de violencia de género. Más de 500.000 niñas son víctimas del tráfico sexual cada año. Las dos terceras partes de analfabetos del planeta son mujeres. Esto ocurre en el siglo XXI y en todas partes. Las formas de reprimir a las mujeres en el mundo son tantas y parece que tan escasa la intención de que las cosas cambien de una forma radical en un corto periodo que el sentimiento de impotencia se hace insoportable.

Explica una noticia sobre violencia contra las mujeres que te haya afectado especialmente y escribe lo que le dirías a la víctima.

> «Las mujeres no siempre tienen
> por qué mantener la boca cerrada
> y el útero abierto.»

Cuando todavía era muy joven descubrió que tenía un problema con la autoridad y que eso de hacer caso de lo que otros habían decidido no iba con ella. El primer encontronazo lo tuvo con su padre, que pretendía que se casara pese a que tenía solo quince años. La familia vivía en la actual Lituania, que por entonces formaba parte del Imperio ruso, y ella decidió poner tierra por medio y se fue con su hermana a Estados Unidos. La negativa a desposarse no era un capricho: pese a que estuvo casada brevemente, toda su vida atacó la institución del matrimonio, pues consideraba que convertía a las mujeres en poco menos que en esclavas sin derechos. Su lucha se centró, principalmente, en la causa anarquista. Participó en varios complots y cada vez que daba una conferencia se llevaba un buen libro que pudiera entretenerla porque sabía que la iban a encarcelar. En sus ingresos en prisión aprendió el oficio de comadrona, que le sirvió para acercarse al drama de las obreras que vivían con un miedo permanente a quedarse en estado. En 1816 distribuyó un panfleto sobre la anticoncepción que le valió un nuevo ingreso en la cárcel. Y es que en esa época hablar de anticoncepción y amor libre (dos de sus temas preferidos) no solo era revolucionario, sino que además era ilegal. En 1919, después de participar en casi todos los movimientos radicales, fue deportada a Rusia y tildada de ser «una de las mujeres más peligrosas de Estados Unidos». Siguió guerreando en todas las causas que pudo, incluida la guerra civil española, hasta su muerte.

Hay demasiada gente dispuesta a apropiarse de úteros que no son suyos. Y, sobre todo, a decidir cómo se debería proceder con ellos sin tener en cuenta a su propietaria real. Algunos consideran, por ejemplo, que deben ser fecundados para que la vida de su portadora tenga sentido. «Con lo buena madre que tú serías...» o «Dentro de unos años te arrepentirás» son los comentarios más habituales en este sentido. ¿Por qué alguien se toma la libertad de decirle a otra persona no solo lo que tiene que hacer con su útero, sino también con los siguientes dieciocho años de su vida? Solo sería comprensible una actitud así si la mujer fuera la última del planeta y en sus manos estuviera la continuidad de la especie. Y aun así habría que matizarla.

Por otra parte, las que deciden iniciar la aventura en solitario, sea mediante inseminación artificial sea como madres solteras, tampoco se libran de las críticas. «¿Estás segura? No sabes el trabajo que es. Piénsatelo bien», espeta la gente sin conocimiento de causa, bueno, mejor dicho, sin conocimiento de ningún tipo. Es más, no hace falta estar soltera para que la gente critique tu decisión de procrear argumentando que tienes problemas económicos, que tu pareja es un zopenco o que dinamitarás tu carrera profesional.

Y todo eso sin entrar en cuestiones espinosas como el aborto, porque parece más lícito que las jóvenes mueran desangradas por prácticas ilegales que puedan interrumpir un embarazo no deseado con garantías. Y en esta cuestión el lenguaje es confuso e injusto, pues no hay personas «provida» y otras «proaborto», a nadie le parece genial abortar y odia a rabiar la vida. La de abortar es una decisión que no se toma alegremente y que, como mínimo, debería no entrañar un riesgo para la salud.

Muchas son las presiones que de manera tácita u obvia rodean la decisión de las mujeres sobre lo que quieren hacer con su útero y no han cambiado demasiado desde que Emma Goldman pronunciara sus arengas.

Recuerda comentarios que te hayan sentado mal sobre tu derecho a escoger lo que hacías con tu cuerpo y explica por qué no harás caso de lo que te digan.

# ARTEMISIA GENTILESCHI
## (1593-1654)

### Pintora barroca italiana

Uno de los escasos nombres femeninos de la pintura barroca, el de esta pintora ha permanecido en la sombra, mientras que buena parte de sus obras fueron, durante años, atribuidas a pintores de la época. Por si esto fuera poco, cada vez que se habla de Gentileschi resulta obligado aludir a unos de los episodios más truculentos de su vida: su violación. Su padre, el pintor Orazio Gentileschi, le puso un tutor, un supuesto amigo de la familia, que de amigo tenía poco. El tipo se llamaba Agostino Tassi y violó a la pintora cuando esta tenía dieciocho años. Prometió casarse con ella para restituir su honor (una espantosa práctica que sigue vigente en algunos países), pero se olvidó de un pequeño detalle: ya estaba casado. Orazio denunció a Tassi y el juicio, que fue muy mediático en su momento, duró siete meses, en los que se descubrió que el pintor era más malo que la tiña: había planeado matar a su mujer y había cometido incesto con su cuñada. Sin embargo, estos antecedentes no libraron a Gentileschi de que se la acusara de haber consentido y se la torturara para que demostrase que no estaba mintiendo. Tassi fue declarado culpable y se le impuso la tibia condena del destierro. Unos años después, el padre apañó un matrimonio con el pintor Pierantonio de Vincenzo Stiattes para que su hija volviera a ser considerada «honorable».

Tal vez por ello, los cuadros de Artemisia Gentileschi se tornaron más violentos y dignificaron la imagen de las mujeres que ajusticiaban despiadadamente a hombres. *Judith decapitando a Holofernes* y *Jael y Sisera* son dos buenos ejemplos de ello, pues muestran el estilo y la saña con que las protagonistas se despachan con los hombres. A partir de los años setenta se reivindicó a la pintora y se vio en sus lienzos la huella de su violación. No deja de ser triste que uno de los pocos nombres femeninos de la pintura tenga que ir ligado para siempre a la historia de una agresión y que sus obras no puedan ser vistas como las de sus colegas masculinos y admiradas únicamente por su talento.

## «Mientras viva, tendré control sobre mi ser.»

# LA PELIGROSA ICONOGRAFÍA
## DE LA VIOLACIÓN

Todas hemos visto películas que denuncian violaciones, y observamos que en la mayoría de ellas la víctima atraviesa un parque o un callejón oscuro de noche, está ebria o viste provocativamente. Es una representación iconográfica que está grabada en nuestro inconsciente y que lanza un mensaje castrador: no salgas por la noche, no bebas, no provoques, porque el mundo es un lugar hostil lleno de hombres ávidos por violentarte. De esta forma se genera el miedo que durante siglos ha sido una útil herramienta de control.

Un reciente estudio, realizado por la consultoría Sortzen para el Gobierno Vasco, ha reflexionado sobre cómo desde pequeñas se nos inculca el miedo a un ataque sexual y se nos hace responsables de proteger nuestro cuerpo. Interiorizamos medidas como llamar cuando llegamos a casa para decir que estamos bien o pedirle al taxista que espere a que traspasemos el portal. ¿Quién no lo ha hecho? ¿Y quién no ha sentido cierto temor al enfilar un callejón oscuro? Lo más aterrador es que lo consideramos normal. La investigación advierte que estas conductas interiorizadas no dejan de suponer una limitación de nuestros movimientos. En cambio, los hombres pueden campar por el espacio público sin que nunca hayan sido alertados de que corren riesgos. La violación, de algún modo, no afecta únicamente a las mujeres que la padecen, sino que modifica el comportamiento de todas. Además, este temor continuado y la sensación de que la víctima tiene que tomar precauciones hacen que la recuperación sea más difícil en caso de padecer una agresión, según señalan las autoras del estudio. Por último, el estudio también advierte de que los entornos familiares están acostumbrados a proteger a las hijas de las violaciones de desconocidos, pero no de las agresiones que pueden sufrir por parte de novios o parientes, que suelen ser las más habituales.

Describe alguna ocasión en la que te hayas sentido intimidada por un hombre y apunta lo que te gustaría haberle dicho en su momento.

# MANOS A LA OBRA

## TUS ARMAS EN EL TRABAJO

### Aviadora estadounidense

Diez minutos en el cielo sobrevolando Los Ángeles en un biplano cambiaron la vida de una joven de veintitrés años. Earhart se dio cuenta de que su lugar en el mundo estaba a varios metros sobre tierra, y también de que este tenía un precio. Para empezar, de 1.000 dólares, que era la cantidad que debía apoquinar para hacerse con la licencia de piloto. Para reunir el montante ejerció varios trabajos, y por fin logró ser la decimosexta mujer de Estados Unidos en conseguir el título de piloto. Aunque en el firmamento no tenía rival, veía difícil ganarse el sustento sin tocar de pies en el suelo. Entonces llegó una oferta tentadora: le propusieron ser la primera mujer que cruzara el Atlántico. En la travesía descubrió que era poco más que un reclamo, pues solo querían una chica en la tripulación para darle publicidad a la gesta. Decidió aprovechar la notoriedad conseguida para iniciar sus aventuras y, no volver a ser nunca más una «mujer-florero», y reivindicar sus derechos y el del resto de las mujeres. Se casó con el editor, explorador y publicista George P. Puttman, con quien planificaba sus aventuras. Algunos diarios empezaron a llamarla Amelia Puttman, tras lo cual ella reclamó conservar su apellido y que en todo caso se refirieran a él como el señor Earhart. La piloto no tenía ninguna intención de seguir las reglas en ningún campo de su vida. En su contrato prematrimonial incluyó una cláusula en la que decía: «Quiero que entiendas que no cumpliré ningún código de honor medieval sobre la fidelidad». En 1937 desapareció cuando intentaba ser la primera en dar la vuelta al mundo siguiendo la línea del Ecuador.

«En la aviación, las mujeres son superadas cuarenta a uno, pero tendrán que ser admitidas muchas más. Y cuando llames a la puerta, lleva un hacha; es posible que tengas que abrirte camino.»

Durante décadas nos hicieron creer que había profesiones de hombres y profesiones de mujeres. Curiosamente, las «feminizadas» tenían menos consideración social y un sueldo pírrico, y estaban ligadas al cuidado o a la estética. En cambio, las «masculinizadas» discurrían por los senderos del poder, gozaban de reconocimiento y estaban mejor remuneradas. Se están gestando muchos cambios con la esperanza de que las generaciones venideras no repitan arquetipos. Y de que cada mujer pueda elegir, si le da la gana, ser piloto de aviación o astronauta sin provocar miradas de estupefacción.

Sin embargo, en el aquí y el ahora muchas mujeres se enfrentan al tópico de «esto es mejor que lo haga él». Ya no se trata de una profesión en concreto sino de tareas que, por alguna misteriosa razón, parecen requerir de la presencia de un poseedor de escroto. Las situaciones son variadas y siempre discriminatorias, por mucho que se las cubra con excusas. Desde clientes que verán con mejores ojos que sea un hombre el que haga una presentación hasta puestos que suponen gestión de equipos en los que un caballero liderará con más contundencia. Pamplinas. También existen otras falacias supuestamente halagadoras para desterrar a las trabajadoras a la invisibilidad. «Tú eres mucho más ordenada» (así que te ha tocado hacerme todo el trabajo tedioso y mecánico para que yo me luzca). «Tú eres más perfeccionista» (así que repásate todos mis informes para que yo después me cuelgue las medallas). Más pamplinas.

Lidiar con estos entornos laborales no es fácil, pero el auténtico peligro es acabar tragándose estos discursos y dudar de la capacidad de una misma. Permitir que compañeros o jefes tengan una actitud parternalista, que se arroguen el derecho a decidir lo que más le conviene a tu carrera, es la tumba de la profesionalidad. Y resulta muy fácil caer en ella. Tú sabes lo que vales, lo que quieres y lo que mereces. No necesitas a nadie de fuera que venga a decírtelo.

Recuerda dos situaciones en las que alguien se haya comportado de forma parternalista en tu ámbito laboral. Escribe una frase, lo más corta y directa posible, que hubiera acabado con la situación. Recuérdala para futuras ocasiones.

> «Lo que sea que las mujeres hagan, tienen que hacerlo el doble de bien que los hombres para ser consideradas la mitad de buenas. Afortunadamente, esto no es difícil.»

## CHARLOTTE WHITTON
## (1896-1975)

### Activista y alcaldesa de Otawa

Se referían a ella como «el único volcán activo al este de Canadá», por la fogosidad con la que defendía sus ideas y por las ardientes trifulcas dialécticas en las que se enzarzaba con sus rivales políticos. Charlotte Whitton fue la primera mujer que ocupó la alcaldía de una gran ciudad canadiense (de 1951 a 1956 y después de 1960 a 1964), y desde el cargo defendió, siempre que pudo, su ideario feminista. Antes de acceder al puesto había trabajado en los servicios sociales, dedicándose sobre todo a la protección de la infancia, labor que continuó como alcaldesa. Al frente de su ciudad también luchó por la igualdad salarial y de oportunidades entre hombres y mujeres y por la ayuda a la inmigración. De todas formas, la explosiva Whitton era un fruto de su época y su mensaje, aunque eminentemente feminista para los tiempos que corrían, visto hoy en día tiene algunas rendijas por las que se colaban posturas que no resultaban tan progresistas. Por ejemplo, no estaba de acuerdo con que se simplificaran los trámites para lograr el divorcio y tampoco veía con muy buenos ojos que las mujeres casadas y con hijos trabajaran. La polémica que más ha enturbiado su figura es la que la acusa de ser antisemita.

Pese a estos puntos negros en el expediente que ensombrecen su gestión, en la actualidad sigue siendo una figura de gran relevancia histórica dentro de la cultura canadiense, que demostró que una mujer podía hacerse con el poder y ser combativa.

«Tengo que ser la mejor.» «Si quiero que me tomen en serio, no puedo cometer ni un error.» «¿Cómo puede ser que me haya equivocado? ¡Esto es el fin!» Estas frases visitan, a diario, la cabeza de miles de mujeres, que están convencidas de que tienen que demostrar el doble que un hombre para ser tenidas en cuenta. ¿Deben hacerlo? ¿Servirá de algo convivir con esos niveles de estrés y de autoexigencia? Dependerá, sin duda, del sector, del tipo de empresa y de la trayectoria que se quiera seguir. La mayoría de los estudios constatan que la percepción de la mujer en el ámbito laboral arrastra una serie de sambenitos que las políticas de igualdad aún no han podido extirpar, y que difícilmente desaparecerán por mucho que una haga. Se piensa, por ejemplo, que su vinculación con la empresa es menor porque anteponen a ella las cargas familiares. Así que para luchar contra esta idea, muchas son las que se quedan haciendo más horas que un reloj (y por supuesto que cualquier compañero). Por otro lado, en ocasiones las mujeres se boicotean a sí mismas adoptando lo que se llama «la cultura del huésped», es decir, al entrar en una empresa con unos códigos un tanto rancios y machistas intentan integrarse, agradando, sometiéndose de tal modo que no demuestran su talento, pues tratan de jugar con una baraja que no es la suya.

Afrontar, pues, todas estas desigualdades es una guerra diaria. Algunas optarán por forzarse a sí mismas imponiéndose unos niveles de autoexigencia superlativos. Otras procurarán mostrar su talento a su modo. Y las habrá que, cansadas de tanto batallar y poco motivadas por el puesto que ocupan, esperarán la hora de salida para practicar su deporte favorito: la caída de bolígrafo. Cualquiera de estas actitudes es útil, siempre que seamos coherentes con ella y respetemos la del resto de los mortales. Y, sobre todo, no tengamos remordimientos.

Define, sinceramente, qué es lo que te gustaría
conseguir en tu trabajo y cómo lograrlo.

**Actriz estadounidense**

Mítica es la enemistad que mantuvo esta diva con Bette Davis. Nadie sabe las razones por las que pasaron más de cuarenta años odiándose sin tregua. Bette Davis sostenía que Joan Crawford, de la que se decía que era bisexual, estaba enamorada de ella y que se sentía ofendida porque ella la rechazó. El origen de tanta ojeriza también podría deberse a que Davis, en los años treinta, mantuvo un romance con el actor Franchot Tone, que durante esa época rodó una película con Crawford. Esta se enamoró del actor, que abandonó a Davis para casarse con ella en 1935. La protagonista de *Eva al desnudo* nunca perdonó la afrenta. A las dos intérpretes les propusieron, en el ocaso de sus carreras, trabajar juntas en *¿Qué fue de Baby Jane?* (Robert Aldrich, 1962), y el plató se convirtió en un ring de boxeo. Crawford intentó ir en son de paz: como era la viuda del presidente de Pepsi, instaló una máquina de ese refresco para los trabajadores del rodaje. Davis mandó colocar una de Coca-Cola para tensar la cuerda. Además, no dejó de soltar lindezas sobre su compañera, que tenía fama de ser ligera de cascos: «Se ha acostado con todas las estrellas de la Metro-Goldwyn-Mayer menos con la perra Lassie». Davis fue nominada al Oscar por su papel en la película y se lo restregó por las narices a su enemiga. Sin embargo, en la ceremonia de entrega la ganadora fue Anne Bancroft por *El milagro de Ana Sullivan* (Arthur Penn, 1962). Crawford había pactado con Bancroft, que no pudo asistir a la ceremonia, que sería ella quien recogería la estatuilla en su nombre, simplemente para hacer rabiar a su enemiga.

«Bette tiene un temperamento muy diferente al mío. Tenía que gritar todas las mañanas. Yo me sentaba y hacía calceta. Hice una bufanda que iba desde Hollywood hasta Malibú.»

Dicen que las mujeres somos terribles para las mujeres y cualquiera que se haya topado con una archienemiga en el trabajo puede dar buena fe de ello. ¿Por qué nos fastidiamos entre nosotras en vez de ayudarnos cuando hay tantos factores externos que nos hacen la vida imposible? Vayamos por partes para entender de dónde viene la competitividad femenina. Los psicólogos le han encontrado dos causas: uno es el instinto de supervivencia de la especie. Competimos desde tiempos inmemoriales para que un macho nos fecunde y se quede a nuestra vera para criar al churumbel, y lo hacemos mediante dos tácticas: la autopromoción (desplegar nuestras plumas de pavo real para demostrar cuán maravillosas somos) y la desvalorización de las rivales (dejarlas a la altura del betún para crecernos). La otra causa que apuntan los especialistas es una forma absurda de sometimiento al heteropatriarcado: nos sacamos los ojos entre nosotras para ser premiadas por los que nos «oprimen» en vez de ayudarnos para cambiar las cosas. A la sazón, está comprobado que las mujeres son más despiadadas cuanto más atractiva y competente es la rival.

La violencia femenina no deja marcas, es «indirecta». En la época en que los hombres se liaban a mamporros, las mujeres nunca se exponían físicamente, pues debían protegerse para poder procrear. A esta estrategia puede deberse que una redomada arpía te sonría en una reunión, te clave una saeta por la espalda y no haya forma humana de que alguien te crea cuando dices que la ha tomado contigo.

En el caso de que te enfrentes a una ladina bruja, deberás mantener la calma y no ponerte a su altura. Limítate a hablar exclusivamente del trabajo y de cómo puede mejorar, no de cómo te sientes, porque entonces entrarás en el plano de las subjetividades, que es mucho más difícil de demostrar. Ya hablarás con tus amigos de esos temas. Y paciencia y esperanza. Sus triquiñuelas deberían caer, en algún momento, por su propio peso.

Escribe las jugarretas que te ha hecho alguna compañera de trabajo. A continuación, busca las estrategias que te ayudarían a restarle el poder de cambiarte el ánimo.

## MADAM C. J. WALKER
## (1867-1919)

**Empresaria, filántropa estadounidense
y la primera mujer afroamericana millonaria**

«No te sientes a esperar
que lleguen las oportunidades.
¡Levántate y haz que pasen!»

Nació en una plantación de algodón y se quedó huérfana a los seis años. No parecía un buen principio para Sarah Breedlove, que tuvo que soportar maltratos y que a los veinte años se quedó viuda con una hija de dos a su cargo. Para subsistir trabajó de lavandera cobrando 1 dólar al día, pero tenía claro que debía ingeniárselas para que su hija pudiera disfrutar de una buena educación y más oportunidades. En aquellos años, los productos que se empleaban para lavar y para la higiene personal contenían sosa cáustica, y por culpa de esto Breedlove se estaba quedando calva. Al ver la madeja de pelos en el cepillo se le encendió la bombilla: decidió elaborar champús y jabones específicos para la población afroamericana. La idea triunfó. Creó una estructura formada por mujeres que vendían los productos a amigas suyas, lo que permitió que muchas de ellas fueran independientes económicamente. En esa época se casó con un vendedor de publicidad para diarios que le ayudó con la promoción, y juntos encontraron el nombre para su marca, que posteriormente fue el alias que ella adoptó: Madam C. J. Walker. La empresaria organizaba convenciones para premiar a las vendedoras más eficientes, pero también a aquellas que más invertían en causas benéficas. Dio conferencias hablando de negocios y emancipación y participó en las reivindicaciones de los derechos de los afroamericanos. Cuando falleció, su negocio daba trabajo a cuarenta mil personas, y en la actualidad la marca que creó sigue comercializando cosméticos.

La historia de Madam C. J. Walker es inspiradora y nos habla de una mujer que fue capaz de cambiar su destino y alcanzar el éxito. Para ello no se cortó ni un pelo. El problema es que muchas mujeres siguen teniendo ciertos reparos a la hora de destacar por sus habilidades y reclamar lo que creen merecer. Cuando un hombre lo hace, es audaz, luchador y emprendedor. Cuando una fémina obra de igual modo, parece trepa, ambiciosa o engreída. En los años setenta, la psicóloga Martina Horner ya estudió el miedo que muchas mujeres le tenían al éxito profesional. Temían, sobre todo, perder su círculo social (cuando subes un escalón y los otros se quedan en el de abajo se generan tensiones) o su feminidad (triunfar parece requerir valores que erróneamente se han emparentado con la masculinidad: decisión, agresividad o fuerza). Y en parte tenían razón, porque desgraciadamente cuando una mujer triunfa, otras murmuran que seguramente está desatendiendo a su familia o que ha llegado ahí por sus malas artes (que ha pisado a las compañeras o ha empleado argucias sexuales suelen ser los envidiosos argumentos más habituales). Y para no tener que soportar esas críticas y ese grado de tensión, nos conformamos con quedarnos en la zona de confort y, de vez en cuando, quejarnos por no haber conseguido más. Pero esas quejas no sirven de nada, porque es bastante improbable que venga alguien a buscarnos y nos proponga un ascenso o un trabajo que nos encante si nos pasamos la vida laboral pecando de humildes. Destacar en lo que una sabe hacer no tiene nada de malo. No se trata de ir por la vida como una apisonadora, pero sí de reconocer las fortalezas y comunicarlas. Todo lo demás es una construcción social que nos condena al conformismo y, en muchos casos, a la frustración. Si nos despojamos de todo esto, el único miedo que deberíamos tener es el de fracasar. Y este, con un poco de pericia, se puede reconvertir en un acicate para darlo todo y alcanzar el triunfo.

Describe alguna situación en la que te haya dado vergüenza parecer demasiado creída al asumir un éxito y analiza por qué.

## AYN RAND
## (1905-1982)

Escritora, guionista y filósofa rusa que
obtuvo la nacionalidad estadounidense

> «La cuestión no es quién me va a dejar,
> sino quién me va a parar.»

Pocas pensadoras provocan odios tan acérrimos y filias tan vehementes como esta defensora del individualismo más extremo. A Alisa Zinóvievna Rosenbaum (su nombre original, que después cambió) no le gustó nada que la revolución comunista triunfara en su país, Rusia. Por ello a los veintiún años se fue a Estados Unidos, donde trabajó en la industria del cine de lo que buenamente pudo (extra, ayudante de vestuario...) hasta que vendió su primer guion, que nunca se rodó pero que le proporcionó el peculio necesario para dedicarse a escribir. Así pudo concluir dos novelas de gran calado en la literatura anglosajona: *El manantial* y *La rebelión de Atlas*. Esta última la citan como libro de cabecera un sinfín de políticos conservadores, principalmente estadounidenses y británicos, y hay quien dice que también era el preferido de Steve Jobs. Los protagonistas de sus novelas son hombres y mujeres indómitos y creativos que imponen sus propios intereses a los de la colectividad. Y es que su corpus de ideas filosóficas, el llamado objetivismo (al que sus detractores tildan de secta), aboga, a grandes rasgos, por que todos los individuos se dejen llevar por su egoísmo (por lo que creen que deben hacer y no por lo que les han dicho que hagan), no caigan nunca en el altruismo (ayudar a los demás es una forma de apartarse del camino) y el Estado no intervenga jamás en el rumbo de la economía. La influencia de Rand ha sido enorme y ha llegado hasta nuestros días. Vilipendiada y ensalzada, es seguramente una de las pensadoras que más ha influido en la filosofía moderna.

Ayn Rand fue un personaje controvertido, al que las críticas le llovían tanto de fuera (muchos consideraban su movimiento como una pseudociencia) como de dentro (acabó fatal con los compañeros con quienes desarrolló el objetivismo). Pero siguió en sus trece y logró posicionarse como una de las pensadoras más determinantes del siglo pasado. Supo hacer oídos sordos a las diatribas que le lanzaban y a los problemas con los que se topaba y continuar adelante. Además, tenía tan claro lo que quería que no se arrugó cuando se tropezó con impedimentos.

¿Qué puedes hacer si te lo están poniendo difícil en el trabajo o los escollos que surgen te impiden avanzar? Lo primero, por muy tópico que parezca, es respirar y serenarse. Varios estudios demuestran que las respuestas que se dan en menos de diez segundos no han sido meditadas y proceden del cerebro reptiliano. Dedica el tiempo que sea necesario a analizar el origen del problema o de la crítica que estás recibiendo. Después deberías intentar pasar lo más rápidamente posible al siguiente punto: la solución.

Eso es lo más importante y lo que más a menudo olvidamos en estos asuntos. Pasamos más tiempo recreando cómo se rompió un jarrón y discutiendo de quién es la culpa que decidiendo si es mejor pegarlo o comprar uno nuevo. Esto nos frena y nos hace perder mucho tiempo, sin contar con que crea mal ambiente. Si hay algún responsable (cuidado con el lenguaje: no culpable), seas tú sea o el de la mesa de al lado, lo mejor es que se asuma lo ocurrido para poder pasar página cuanto antes. Y, sobre todo, sin perder el objetivo de vista. Si quieres conseguir algo, ¡a por ello!

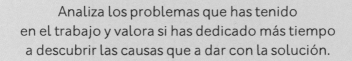

Analiza los problemas que has tenido
en el trabajo y valora si has dedicado más tiempo
a descubrir las causas que a dar con la solución.

## KATE WINSLET
## (1975)

### Actriz británica

De pequeña la llamaban gorda. Sus compañeros se reían de su cuerpo y la acosaban encerrándola en el armario de la escuela. La cosa no mejoró con la adolescencia. La británica tenía claro que quería ser actriz, pero su profesor de interpretación le echó un jarro de agua fría. Le espetó, cuando ella tenía catorce años, que con su físico debería limitarse a hacer papeles de «chica gorda». Todas estas lindezas hicieron mella en la actriz, que durante mucho tiempo se sintió insegura, pero rebuscó la fuerza interior que le permitiera aceptarse. En una entrevista explicó que hacía poco se había encontrado con una de sus peores acosadoras en la escuela: «Ella estaba trabajando en el mostrador de belleza de unos grandes almacenes. Me acerqué y le dije: "Quiero darte las gracias por haber sido tan zorra, porque eso me hizo mucho más fuerte"», y así ajustó cuentas con su pasado.

Winslet ha conseguido no plegarse a los criterios estéticos de Hollywood, que imponen una delgadez casi enfermiza. Su cuerpo es el de una mujer real y no pretende que sea otra cosa. Así lo comenta en las entrevistas: se queja sin reparos de que se le está cayendo el pecho o de que las faldas cortas le sientan de pena. Gracias a sus discursos y al hecho de que sea capaz de hablar de las imperfecciones en vez de disimularlas, Winslet está lanzando un mensaje esperanzador. La belleza no está relacionada con las medidas del cuerpo de una mujer.

«Soy como cualquier persona que uno ve caminando por la calle. Por supuesto que no tengo pechos perfectos, tengo celulitis y tengo curvas. Y creo que es genial que las mujeres usen sus atributos para sentirse empoderadas.»

«Estás muy guapa, ¿has adelgazado?» Admitámoslo: alguna vez le hemos hecho esta pregunta a una amiga con la más loable de las intenciones. Es más, cuando nos la han hecho a nosotras, ufanas, hemos sonreído para nuestros adentros, agradecidas por lo que hemos identificado como un piropo. Es de lo más normal: vivimos en una cultura en que la delgadez es sinónimo de belleza. Pongamos un ejemplo: para intentar paliar el bombardeo de modelos escuálidas, se han puesto de moda las *curvies* o modelos de tallas grandes. ¿Qué se considera una talla grande? Pues a partir de la 40. Más que grandes, podríamos llamarlas simplemente «habituales» o «normales», ya que son muchas más las mortales adultas que tienen una talla por encima de la 40 que las que no la alcanzan.

Sin embargo, por mucho que racionalicemos lo que ocurre, cuesta sobrellevar el día a día y no querer ser la más bella y por ende la más delgada. Por supuesto, no hay nada de malo en vigilar el peso, llevar una dieta equilibrada, ir al gimnasio e, incluso, hacerse algún que otro tratamiento de belleza para verse mejor. Si eso es lo que una quiere, ¡adelante! Lo que sí es perjudicial es que se convierta en una obsesión, que tratemos a nuestro cuerpo, que tantas alegrías nos da, como a un enemigo. Y tampoco es de recibo que, cuando nos relajamos un poco, sintamos la punzada de la culpa y nos digamos a nosotras mismas que tendríamos que ponernos a régimen o que ya llevamos demasiado tiempo sin levantar una mancuerna. ¿Qué pasa si no nos ha dado la gana cuidarnos y el espejo no nos devuelve la imagen que nos han hecho asociar con la de la perfección? Absolutamente nada.

Además, emular modelos de belleza no nos convertirá en perfectas. Cada una tiene su cuerpo y su rostro, con sus particularidades, y es mucho más efectivo hacer como Kate Winslet y sacarle partido a lo que una tiene que aspirar a unas características físicas que no nos son propias.

Mírate en el espejo y valora las cosas que te gustan de tu cuerpo sin tener en cuenta si estás delgada o tienes kilos de más.

«Somos más que nuestro cuerpo,
pero esto no significa que tengamos
que avergonzarnos de él o
de nuestra sexualidad.»

EMILY RATAJKOWSKI
(1991)

Modelo y actriz
británico-estadounidense

A esta modelo y actriz le gusta verse sexy. Ha protagonizado un sinfín de portadas y ha aparecido en vídeos ligerita de ropa. En su Instagram también le place retratarse o grabarse mostrando su cuerpo. Y no es de extrañar, pues posee una anatomía de ensueño y ningún rubor a la hora de mostrarla. La modelo ha explicado que durante años intentaron que se avergonzara por ser atractiva. Novios y familiares la instaban a que se cubriera, a que intentara disimular sus curvas, porque así estaría a salvo de los «depredadores sexuales», que siempre andan al acecho. Ella, en cambio, se cansó de tener miedo y de que le impusieran una forma de vestir o comportarse.

A este ángel de Victoria's Secret le siguen cayendo críticas hasta en el carnet de identidad. Una de las más lacerantes fue la del periodista británico Piers Morgan, que en su programa tuvo a bien (o, mejor dicho, a mal) comentar un vídeo que la modelo había colgado en Instagram y en el que jugaba con actitud sexy con un plato de espaguetis. «No sé exactamente qué es esta chica. Es una tonta global. Por amor de Dios, vístete y busca un trabajo de verdad», bramó el locutor. La modelo se defiende de este y otros ataques similares reivindicando su derecho a ser sexy y feminista. No quiere cambiar su forma de actuar por que la sociedad la interprete de una forma u otra: ese no es su problema. Asimismo, ha defendido en múltiples ocasiones a otras *celebrities* a las que también han juzgado por enseñar su cuerpo.

Tener que estar todo el día estupendísima para ser apreciada es tan cansino como tener la obligación de andar hecha unos zorros para que a una la tomen en serio. Son dos síntomas del mismo problema: juzgar a las mujeres por su apariencia. Esto raramente les ocurre a los hombres, a quienes se les valora por otras cualidades que no tienen que ver con su aspecto. Y lo más triste es que en muchas ocasiones somos las propias féminas las que etiquetamos a nuestras congéneres: sea porque nos sentimos amenazadas sea porque creemos que nuestra actitud es la correcta y por tanto la que todas deberían adoptar.

Hace unos años se presuponía que una mujer guapa debía ser tonta de remate. Ahora a las guapas se las acusa de no ser suficientemente feministas. El caso es afearles la conducta a las chicas que no quieren pasar desapercibidas. ¿Te has sentido alguna vez demasiado observada por otras mujeres? ¿Has experimentado incomodidad porque tu carmín era demasiado rojo o tus tacones, demasiado altos? ¿Has notado, estando en un grupo masculino, que la atención no se dirigía a tus ideas sino a tu cuerpo? Bienvenida al club. Estas cosas pasan a diario, y una puede decidir evitarlas cambiando sus costumbres, su atuendo o su actitud o esperar a que algún día la gente deje de ser tan estúpida. Son dos herramientas lícitas para abordar la cuestión, y tras elegir la que más nos conviene, estaría bien no ir criticando a las del «otro bando». De hecho, lo mejor sería que no hubiera bandos: no sentirse amenazadas por otras mujeres, no competir entre nosotras, no juzgar a las demás por su físico ni por la imagen que quieren dar. ¿Y si intentamos no criticar y hacer caso omiso de los reproches que recibimos por nuestro aspecto?

Describe el tipo de ropa que te gusta llevar
y recuerda por qué te hace sentir bien.

## GABOUREY SIDIBE
### (1983)

**Actriz estadounidense**

Nunca quiso ser actriz; ella aspiraba a ser psicóloga para entender los recovecos de la mente humana, y se costeaba la carrera trabajando de teleoperadora. Aun así, un día se presentó por curiosidad a un *casting*: buscaban a una mujer afroamericana y obesa para protagonizar *Pecious* (Lee Danniels, 2010), y fue llegar y hacerse con el papel. Llevaban más de dos años buscando a la actriz ideal y con solo verla actuar supieron que habían dado con ella.

El director comenta que al conocerla y comprobar que no tenía ningún complejo con su aspecto físico llegó a pensar que estaba en un plano superior al del resto de los mortales. Y es que Gabourey Sidibe se ha sentido siempre a gusto con su físico, pese a padecer obesidad mórbida. Lleva toda una vida ignorando tanto las críticas como los halagos. Su cuerpo es cosa suya y no admite que nadie se arrogue el derecho a opinar sobre él. En 2016 tuvo que someterse a una operación de cirugía bariátrica laparoscópica para perder peso, pues padece diabetes tipo 2 y la obesidad se había convertido en un problema de salud. Por entonces pesaba 170 kilos y perdió 77. Decidió celebrarlo colgando un vídeo en Instagram en el que aparecía en biquini, y recibió muchas felicitaciones. Enseguida pidió que dejaran de mandárselas: «Mi cuerpo en realidad no tiene nada que ver contigo», explicó para atajar el torrente de lisonjas. La decisión de no hacer caso ni de las críticas ni de las adulaciones es una forma potentísima de hacerse más poderosa.

«Un día decidí que yo era hermosa. Empecé a vestir los colores que me gustaban y a pintarme. Lo que importa no es cómo te vea el mundo, sino cómo te ves tú.»

Basta ya con eso de que la belleza está en el interior. Empieza a parecer una excusa para conseguir que a una la admiren por ser una santurrona. Aún no se sabe dónde está, qué es lo que hace que alguien nos parezca bello o no, pero las últimas investigaciones en este sentido son la mar de interesantes. En un estudio de la Universidad de Harvard y del Wellesley College de Massachusetts (Estados Unidos) en el que intervinieron hermanos gemelos y mellizos, se llegó a la conclusión de que la genética no influye en lo que valoramos como bello. Es decir, no estamos predeterminados a apreciar como hermosura unos rasgos concretos. Entonces, ¿por qué no encontrar preciosos los propios en vez de machacarnos por tener la nariz demasiado grande o los pechos pequeños?

Aunque es muy fácil de decir pero bastante difícil de llevar a la práctica, todo es ponerse. El inconveniente al que nos enfrentamos es que la beldad de la mujer se aprecia a cachos, mientras que tradicionalmente la del hombre se ha valorado de manera global. Durante décadas, lo máximo que nos atrevíamos a decir sobre el aspecto de un hombre eran consideraciones genéricas: «Este chico es muy atractivo» o «tiene carisma» o «parece interesante». En cambio, los juicios estéticos acerca de las mujeres van por lonchas: «Tiene el pelo bonito» o «demasiado trasero» o «la cintura estrecha» o «la espalda ancha»... La mirada que se posa sobre la mujer (tanto femenina como masculina) parece la de Jack el Destripador o la de un forense que la despedaza. Se trata de una cuestión cultural que en vez de desaparecer está invadiendo la mirada hacia los hombres. No hemos conseguido dejar de ser analizadas por piezas, y creemos que hemos alcanzado cierta igualdad porque ahora podemos hacer lo propio con ellos: «Mira qué trasero más mono», «Ese chico tiene *six-pack*». Pero así solo hemos conseguido que la obsesión por la imagen se cobre más víctimas. ¿No sería mejor procurar que llegue el momento en que la belleza sea lo que nos dé la gana que sea y no lo que nos digan?

Fíjate en tus amigas e intenta describir
lo que las hace bellas sin entrar en detalles.

## LENA DUNHAM
### (1986)

Escritora, guionista, directora
y actriz estadounidense

La creadora y protagonista de la serie *Girls* (2012) quería reflejar los problemas reales, exentos de cualquier atisbo de glamour, de un grupo de veinteañeras. Empleó el humor y a veces el sarcasmo sin concesiones para conseguirlo. Logró que la serie fuera un éxito y abrió un sendero para explicar historias desde un punto de vista que no es el común, pero hizo algo aún más novedoso: utilizó su cuerpo para romper con los cánones estéticos. Dunham, al revés que buena parte de su generación, no pretende ponerle filtros a la realidad para agradar. Más bien al contrario: quiere mostrar sus supuestos «defectos» físicos (es decir, un cuerpo que no cumple con los estándares: que no está fibrado y tiene celulitis o kilos de más) para acostumbrar a la retina a una nueva realidad. O a la realidad a secas, pues lo otro es un artificio. Su apuesta ha sido atrevida y le ha valido unas cuantas críticas, pero ella sigue al pie del cañón, mostrando sin vergüenza su anatomía. Además de llevar a la práctica esta iniciativa en su serie, ha realizado otras acciones que tienen el mismo objetivo. Por ejemplo, en febrero de 2017 apareció en la portada de la revista *Glamour* con sus compañeras de reparto en la serie con una condición: que no se retocaran las fotografías, y que se pudiera apreciar su celulitis. Asimismo, protagonizó, junto con su amiga y colega Jemima Kirke, una campaña de lencería para la marca Lonely Girls, que presenta piezas sin relleno, sin *push ups* y sin florituras. Dunham ha decidido emplear su cuerpo como un arma para huir de la dictadura de la perfección.

«No silencies tu cuerpo. Le puede molestar a mucha gente, porque no quiere ver cuerpos como el mío o como el suyo. El mío es así y no vivo mortificada por ello.»

## LA FUERZA DE
## LOS CUERPOS EN POSITIVO

Las redes sociales están plagadas de retratos filtrados y retocados que muestran dientes blancos, pieles sin mácula, cuerpos alargados para resultar más esbeltos, ojos brillantes, narices imposibles... A golpe de filtro intentamos dar una imagen perfecta para ganarnos el mayor número posible de *likes* en una carrera desbocada en busca de una representación idílica de nosotras mismas. En contraposición a esta tendencia, cada vez están apareciendo más cuentas con un gran número de seguidores que se adscriben al movimiento llamado *body positive* (#bopo), que fomenta justo lo contrario: dejar de disimular las imperfecciones y mostrarlas. Es precisamente lo que profetiza Lena Dunham. Durante un tiempo se relacionó este movimiento con el que abogaba por mostrar cuerpos con sobrepeso y reivindicar las tallas grandes, pero ese es únicamente uno de los logros que persigue. En el *body positive* («cuerpo en positivo») vale todo: celulitis, estrías, cicatrices, acné, alopecia, pecas, manchas en la piel, arrugas profundas, complexiones físicas inusuales... Nada es un defecto si se muestra con orgullo. Además, esta tendencia también se adentra en la enfermedad, la minusvalía física, la raza y la orientación sexual porque todo es, para sus seguidores, un motivo de satisfacción. Se trata de dejar de tapar, de disimular, de sentirse avergonzado por detalles que nos pueden hacer más humanos e, incluso, más sexys. En Instagram hay varias cuentas que, exponiendo este tipo de retratos, están consiguiendo millones de *followers*. Siguiendo esta línea, algunas famosas han decidido retratarse sin maquillaje (Cameron Díaz, Paula Echevarría, Christina Aguilera, Salma Hayek, Alicia Keys, Beyoncé...). El objetivo es empoderar a mujeres y hombres y acostumbrarnos a ver imágenes que pueden ser bellas sin necesidad de ocultar nada.

Busca tus características físicas que te hacen única.

## ANNA MAGNANI
### (1908-1973)

**Actriz italiana**

«Por favor,
no retoque mis arrugas.
Me ha costado años conseguirlas.»

Temperamental, apasionada, generosa, escandalosa... Se pueden decir muchas cosas sobre la intérprete italiana, pero nunca se la podrá tildar de convencional. Por su vida pasaron amores y amantes y fueron míticas las volcánicas peleas que mantuvo con ellos. En la pantalla era también una explosión de fogosidad y de ternura. Mientras Sophia Loren o Gina Lollobrigida pugnaban por ser divas de belleza impoluta, ella se despeinaba, fruncía el ceño o torcía la boca. Imprimía carácter y rudeza a los personajes que interpretaba. Se decía que conseguía como nadie el milagro de «representar a la mujer real». Es lo que ella era: hija ilegítima, criada por su abuela en Egipto en condiciones de gran pobreza, madre soltera de un hijo con poliomielitis por el que tuvo que luchar con todas sus fuerzas... Sus personajes y su físico destilaban esa belleza auténtica a la que poco le importa la perfección.

Se la rifaron los mejores directores de Italia, Francia y Estados Unidos, y decidió envejecer haciendo lo que le gustaba: actuar. Otras actrices, como Greta Garbo, prefirieron retirarse antes de que las arrugas surcaran su rostro y el público olvidara su antigua belleza, pero eso no fue nunca un problema para «la Magnani», que no quiso operarse y se negaba a que la maquillaran en exceso. Y tampoco le hacía falta. Hasta un año antes de su muerte siguió al pie del cañón, protagonizando películas y obras de teatro, con un aspecto imponente, poderoso y magnético.

# LA BELLEZA
## DE LOS AÑOS

A cierta edad asoman las inseguridades. La época dorada en la que la juventud te ponía en el ojo del huracán ha pasado y temes que de ahora en adelante todo vaya cuesta abajo. Pero, tranquila, ya no es así. La esperanza de vida se ha alargado tanto que los cincuenta son los nuevos treinta y todas esas cosas que tan de moda está decir. Se diga lo que se diga, los cuarenta, los cincuenta o los sesenta han dejado de ser un destierro. La edad, que antes se cebaba con las mujeres (porque un hombre maduro siempre podía seguir resultado atractivo), ha dejado de ejercer su poder alienante para ellas. Y esto se nota incluso en la industria del entretenimiento. Hace un tiempo, las actrices de cierta edad solo obtenían papeles de madres o abuelas o suegras gruñonas. Los focos se apartaban cruelmente de ellas y las relegaban a la invisibilidad, a ser para siempre secundarias. Ahora algo está cambiando. Podemos ver series y películas protagonizadas por mujeres fuertes, que ya no son unas jovenzuelas. Como Gillian Anderson, por ejemplo, que a los cuarenta y muchos y sin ningún afán por borrar sus arrugas es la protagonista de la serie *La caza* (2013), en la que atrapa la mirada de todo el que se cruza en su camino. O Robin Wright, que está tentadora y estupenda en *House of Cards* (2013) y, con más de cincuenta años, es una poderosa amazona en *Wonder Woman* (Patty Jenkins, 2017).

No son mayoría, pero se vislumbra un cambio que hace unos años parecía impensable. Y después nos encontramos con un grupo de famosas que se han apuntado a la *midorexia*, lo cual viene a ser seguir vistiendo de manera provocativa y luciendo una actitud sexy sin tener en cuenta la edad. Para entender de qué va este fenómeno basta con fijarse en Madonna, Demi Moore o Catherine Zeta-Jones. Lucir arrugas no es ya ningún drama, es simplemente un hecho biológico.

Haz una lista de lo que te gusta de ti y que hace
diez o veinte años no tenías.

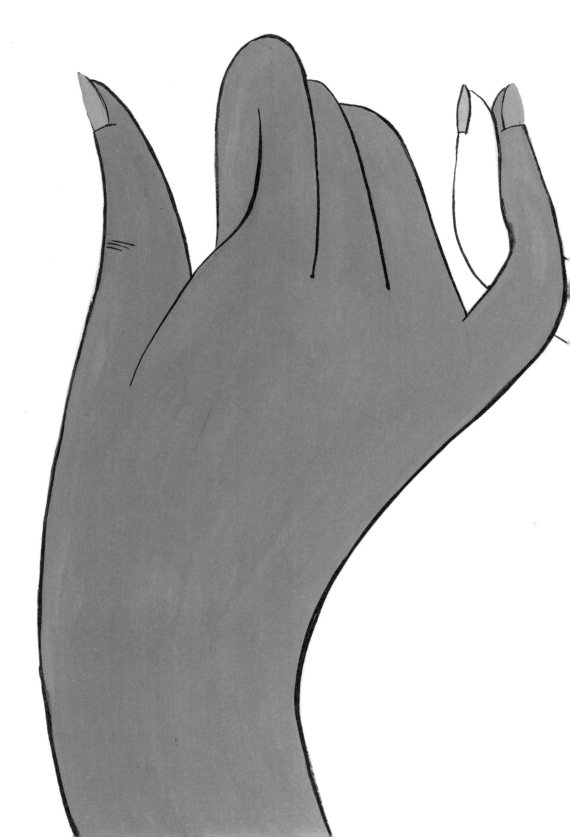

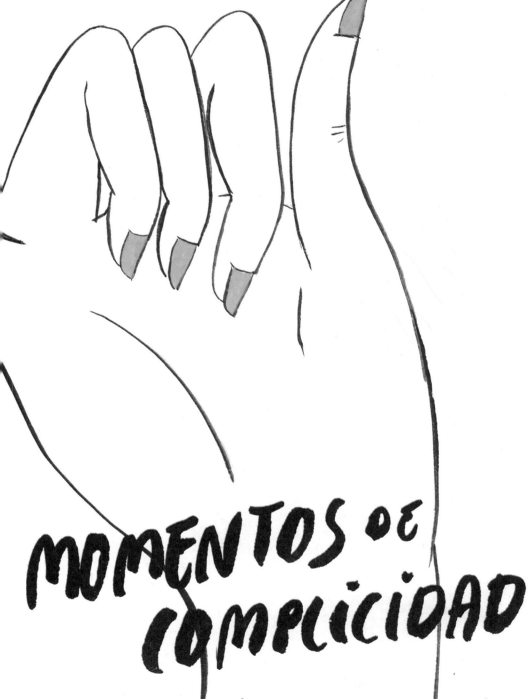

# «Lo único que importa son esos amigos a los que llamas a las cuatro de la madrugada.»

## MARLENE DIETRICH
## (1901-1992)

**Actriz y cantante alemana que también adoptó la nacionalidad estadounidense**

Han corrido ríos de tinta a propósito de esta diva: sobre su deseo insaciable por hombres y mujeres, sobre su imagen misteriosa y cómo la construyó, sobre su decisión de impedir que la fotografiaran en la vejez para no destrozar su mito... Sin embargo, en sus biografías apenas aparecen unas pinceladas acerca de su lucha por la libertad y el amor que prodigó a sus amigos. La alemana se mostró siempre combativa contra el régimen de Hitler y rechazó varias propuestas para convertirse en la reina del cine del Tercer Reich. Además, ayudó a directores y actores judíos a huir a Hollywood. Durante tres años animó a los soldados estadounidenses en el frente europeo y no dudó en dormir en barracones plagados de ratas ni en echar una mano para enderezar un jeep volcado. Al acabar la guerra participó en una misión ilegal con soldados norteamericanos para encontrar a la familia de su marido, Rudolf Sieber. Se habían casado en 1921 y convivieron únicamente tres años, después cada uno hizo su vida aunque nunca se separaron. Ella siempre lo cuidó y se encargó personalmente de encontrar a sus padres tras la guerra. Sus amigos sabían que podían contar siempre con ella. Ernest Hemingway, que estaba platónicamente enamorado de la actriz, dijo sobre ella: «Los criterios de conducta y decencia que se impone en sus relaciones con los demás son tan estrictos que esto es sin duda lo que la hace tan misteriosa: que un ser de tal belleza y talento, que podría hacer lo que se le pasara por la cabeza, solo se permita hacer lo que cree profundamente justo y tenga la inteligencia y el valor de imponerse unas reglas y cumplirlas».

Existen un sinfín de teorías sobre los beneficios que tiene un amigo para la salud: que si nos ayuda a sociabilizar, que eleva nuestro nivel de endorfinas, que si mejora la salud mental... Pero no es necesario cuantificar beneficios ni tomarse la amistad como si fuera una aspirina. De hecho, es feo hacerlo así: no estamos ante una inversión que nos procurará réditos, nos hallamos ante una de las pocas relaciones sin sospecha de mercantilismo. Es lo más libre con lo que contamos: la amistad no viene impuesta como la familia, no tiene que ver con un proyecto de futuro como la pareja y no está sujeta a intereses como los compañeros de trabajo. Existe, simplemente, porque dos personas así lo han decidido. Tal vez esa sea la mayor grandeza de la amistad: querer estar con alguien no para sacar provecho, únicamente por el placer de estar con esta persona. Y de ahí emanan el resto de los beneficios: que los amigos te ayuden y tú los ayudes en momentos funestos; que compartas con ellos y ellos compartan contigo las buenas noticias y la alegría se convierta en un bien común; que te digan o que tú digas las palabras menos deseadas pero que más ayudan a crecer... Estos son los buenos efectos colaterales de una decisión casi arbitraria (rara vez se toma conscientemente la decisión de hacerse amigo de alguien, la amistad se construye con el tiempo), de un compromiso sin cadenas cuyas reglas se adaptan a las dos partes con el paso del tiempo y de la generosa decisión de ampliar la propia individualidad.

Ahora se habla mucho de que la amistad se está devaluando. Utilizamos la palabra «amigo» para el primero que se cruza en nuestro camino o en nuestras redes sociales. En 2017, la OMS advirtió de que la soledad se ha convertido en una epidemia que amenaza la salud. De nuevo parece que la amistad sea un medicamento y que estemos obligados a tener amigos para disfrutar de sus ventajas. Y la amistad pierde entonces la cualidad que la define: es la relación en la que disfrutamos más de nosotros mismos y de los demás sin obligaciones.

Explica tres situaciones en las que fue esencial
recibir el apoyo de tus amigas.

# ROXANE GAY
## (1974)

### Profesora, escritora y comentarista estadounidense

Se considera a sí misma una «mala feminista» y así ha titulado el libro en el que confiesa, con humor, que a diario hace muchas cosas que le impiden ser una feminista de manual. Roxane Gay asegura que puede divertirse escuchando las machistas letras de un rap sin que ello la inhabilite para reclamar la igualdad laboral o que puede hojear revistas superficiales sin que ello merme su capacidad para opinar sobre la ley del aborto. Gay aboga por que las mujeres dejemos de imponernos obligaciones las unas a las otras para demostrar cuán buenas feministas somos. En definitiva: que nos hagamos la vida un poquito más fácil, defendiendo las causas en las que creamos y, de paso, no criticando a las mujeres que tienen una posición contraria a la nuestra. Para la autora, el feminismo normativo que impone reglas de comportamiento no puede contemplar la individualidad de las mujeres que lo componen. La suya es una individualidad dolorosa. Fue violada en grupo a los doce años y engordó para olvidar aquella experiencia, para anular cualquier conato de deseo que su cuerpo pudiera despertar en el futuro. Enterró la amargura en los 261 kilos que ahora pesa. Pero todo ello lo explica huyendo de tópicos y ensalzando la importancia de la amistad y la comprensión para crear un entorno más plácido en el que ser mujer.

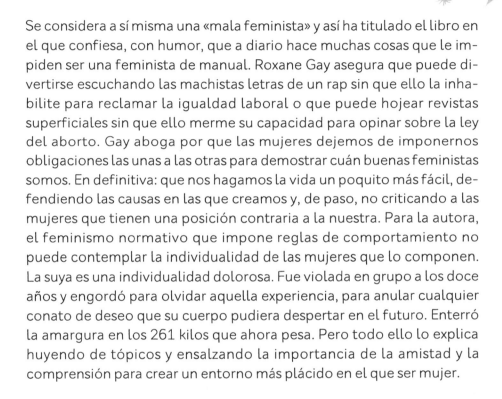

«No despedaces a otras mujeres porque, aunque no sean amigas tuyas, son mujeres y eso es importante. No quiero decir que no puedas criticar a otras mujeres, pero se trata de distinguir entre criticar de manera constructiva y despedazar cruelmente.»

Dentro de la amistad femenina hay pecados mortales por todas conocidos, como poner a caldo a una amiga ante su novio o sus compañeros de trabajo. Hacerle algo así a una amiga es considerado una traición, en cambio, poner de vuelta y media a una desconocida no produce tantos reparos. ¿El porqué? Algunos estudios apuntan que, a lo largo de la historia, las mujeres hemos tenido que constreñirnos a conductas absurdas que nos han permitido ganarnos la aceptación de los demás, y en vez de rebelarnos todas contra ello, han pagado el pato las que se han zafado de las reglas, que han sido criticadas sin freno. Tal vez sería el momento de hacer un alto en el camino y dejar de poner en la picota a otras mujeres que no se comportan como nosotras. Las razones para echar pestes de otra fémina son inagotables: su vestuario (demasiado provocativo, demasiado hortera, demasiado catequista...), su maternidad (cómo educa a sus hijos, cómo compatibiliza la maternidad su carrera, cómo reparte el trabajo con su marido...), su vida sexual (por ser sosainas o por ser demasiado salpimentada) o sus gustos culturales (pedantes, chabacanos, con ínfulas...) son algunas, pero la lista podría ser interminable. Ser mujer en el siglo XXI es más fácil de lo que lo ha sido serlo en toda la historia de la humanidad, y, sin embargo, sigue habiendo muchas asignaturas pendientes que cada una intenta aprobar como puede y que el resto se empeña en criticar.

¿Significa todo ello que debemos comportarnos como santurronas y no opinar jamás sobre ninguna otra fémina para evitar traicionar a nuestro género? Pues tampoco hace falta exagerar. Hay situaciones en las que la gente quiere saber tu opinión: suele ser cuando te la piden. En estos casos toca aparcar el juicio de valores y abrillantar la crítica constructiva. Y también hay otros momentos en los que sí, una tiene todo el derecho del mundo a patalear: cuando las actitudes de la otra mujer nos desagraden de algún modo. Lo demás es criticar por criticar.

Piensa en una amiga que sea muy diferente a ti.
Analiza las cosas que os separan y por qué te gusta
que ella actúe de forma distinta.

> «Si las personas dudan qué tan lejos
> puedes ir, vete tan lejos que ya
> no puedas escucharlas.»

## MICHELE RUIZ
## (1965)

**Periodista, empresaria y escritora
estadounidense de origen hispano**

Parecía bastante difícil que Michele Ruiz pudiera convertirse en lo que es hoy en día —una de las comunicadoras latinas de más calado y un nombre de referencia en el campo de la comunicación empresarial—, pues fueron pocos los que apostaron por ella. Hija de panameños, no aprendió a hablar inglés hasta que llegó al colegio, y allí no le pusieron muchas facilidades para conseguirlo. La niña pobre y latina se convirtió rápidamente en la diana del *bulling*. El racismo y la discriminación la acompañaron durante buena parte de su carrera. Estudió comunicación y, a fuerza de hacer oídos sordos a los amigos y enemigos que le decían «Tú no puedes» o «Esto no es para ti», fue escalando posiciones como reportera y presentadora de televisión. Y demostró que sí podía y que esto sí era para ella, pues fue nominada en diecinueve ocasiones a los Premios Emmy y ganó dos. Además, recibió innumerables galardones periodísticos. Aun así, no tenía bastante: quería montar su propia empresa de comunicación empleando la experiencia adquirida, así que fundó Ruiz Strategies. También deseaba ayudar a la comunidad latina, que se enfrentaba a problemas similares a los que ella había tenido, por lo que creó una web bilingüe de ayuda a los hispanos en Estados Unidos.

Michele Ruiz no recuerda con rencor a los que en el camino que ha recorrido no confiaron en ella. Sabe que algunos lo hicieron para herirla y que otros ni siquiera tuvieron mala intención: pretendían protegerla del fracaso. Pero este no entraba en sus planes.

Consultar los temas importantes con amigos y con amigas y valorar su opinión puede resultar balsámico. Una voz externa en ocasiones ilumina la oscuridad que se crea al darle vueltas una y otra vez a la misma cuestión. Alguien en quien confiamos y que nos conoce puede aportar esa luz tan anhelada y práctica. O puede, sin querer, acabar con las pocas bombillas que quedaban encendidas. Los amigos no son gurús poseedores de la solución perfecta para cualquier apuro, y en ocasiones, por interés o por ineptitud, quizá nos dejen a oscuras. Hay una clase de amigos especialmente proclive a bajarnos la autoestima.

Los demasiado protectores (que a menudo se muestran muy conservadores con las decisiones que toman en su vida) son los que intentarán disuadirnos de avanzar, no vaya a ser que nos caigamos, y sus bienintencionados argumentos pueden tener un coste para la autoestima. El «Piénsatelo bien que tú siempre metes la pata con estas cosas» o el «No estás preparada para hacer esto» son frases que hacen pensar y dudar. Vale la pena escucharlas, analizarlas y valorar si son las que necesitamos oír en ese momento, pero leyéndolas bien veremos que muy positivas no son. Y lo que se espera de la amistad es aceptación y no juicio, crítica constructiva y no una lista de defectos.

Los colegas menos aconsejables en estas situaciones son quienes imponen sus consejos. Los que no se limitan a dar su opinión sino que además reclaman, directa o indirectamente, que te adhieras a ella a pies juntillas so pena de enfurruñarse como monas o de esperar tu descalabro para poder lanzarte un «te lo dije». Los consejos no deberían ser un traje de confección en el que no te queda otra que embutirte sea como sea, sino una vestimenta a medida que tenga en cuenta la forma de tu cuerpo. Y si no lo es, mejor no compres el traje. Apreciar de qué tipo es la recomendación que estás recibiendo es el trabajo que te tocará hacer.

Piensa en los amigos que te hacen comentarios desagradables, escribe por qué y valora la razón por la que vale la pena conservar su amistad.

**Escritora, filósofa, ensayista
y activista estadounidense**

Fue una de las grandes pensadoras de la segunda mitad del siglo XX y sus ensayos llamaban la atención sobre fenómenos que les pasaban inadvertidos al resto de los filósofos: los medios, la cultura pop e, incluso, la percepción de la enfermedad. Su forma de entenderlo todo era diferente a la de todos: reveladora, transgresora, directa y con un punto apasionado. Sus ideas y su carisma la convirtieron en un personaje mediático que aparecía habitualmente en la televisión, con su voz ronca y sus opiniones lúcidas. Hablaba con una seguridad que dejaba sin réplica. Aun así, no fueron pocas las críticas que recibió por su activismo político, como, por ejemplo, cuando se fue a Vietnam del Norte en plena guerra o cuando dijo que tras el 11-S Estados Unidos debería repasar sus errores en política exterior. Decía lo que pensaba y hacía lo que le venía en gana. Sus biógrafos se encargaron de recopilar sus amoríos con hombres y mujeres, que fueron unos cuantos y nunca carecieron de intensidad, pero fue ella misma la que habló del significado que le otorgaba a la amistad, del sentimiento de admiración que despertaban en ella sus amigos y del deseo irrefrenable de tocarlos y abrazarlos, de tenerlos cerca sin ningún interés sexual más allá de la cercanía. Ella definía esta pulsión como «amistad-amor» y a lo largo de su vida la prodigó sin cortapisas. Muchos intelectuales de la época engrosaron las filas de sus íntimos. El escritor mexicano Carlos Fuentes aseguraba que era la mujer más inteligente que había conocido, y el Nobel Günter Grass siempre la admiró por su valentía política. Otro Nobel, José Saramago, loaba su voz aterciopelada y su honradez intelectual. La fascinación que suscitaba Sontag entre sus amigos era correspondida en todos los casos con su interés y su complicidad.

«El peor de los crímenes: juzgar. El mayor
de los fracasos: la falta de cordialidad.»

La complicidad que genera la amistad no es un cheque en blanco. Muchas amistades se han perdido por olvidarlo, por no recordar que de vez en cuando se ha de cuidar al otro, por soltar cuatro frescas sin calibrar el impacto que tienen, por pensar que la confianza exime del respeto. Y después nos hemos llevado las manos a la cabeza sin entender qué ha ocurrido, por qué la otra persona se ha molestado. Resulta que la amistad, aunque sea una relación en la que no prima la obligación sino la libertad, es cosa de dos personas y para que funcione ambas partes deben ser contempladas.

Muchas veces cacareamos lo que esperamos de los demás, exigimos lo que creemos merecer y nos mostramos airados cuando creemos que estamos siendo tratados injustamente. Siempre tenemos muy claro lo que deberíamos recibir... en cambio nos cuesta barruntar qué toca dar. Es difícil, con esta actitud, hacer autoexamen, observar si llevados por el torrente de nuestros derechos y necesidades hemos pasado por alto los del otro.

Las disputas entre amigos en ocasiones son inevitables, y resolverlas requiere paciencia y empatía, dos virtudes que suelen escasear en los tiempos que corren. A veces pensamos que los amigos muy íntimos son una extensión de nuestro yo y por tanto deben aceptarlo todo sin explicaciones ni protestas. O quizá tenemos amigos que son muy diferentes a nosotros y nos cuesta comprender que sus prioridades o su forma de encarar los problemas no son los mismos que los nuestros. Así las cosas, la amistad puede acabar en un fiasco monumental.

En determinados casos será bueno: hay amistades que con harto dolor de nuestro corazón en algún momento de nuestra vida tendrán que desaparecer, porque algunas relaciones tienen fecha de caducidad, sea porque las dos personas han cambiado mucho y ya no hallan puntos de conexión, sea porque la amistad se ha vuelto tan conflictiva que resulta tóxica. En cambio, otras tal vez simplemente requerirán una resintonización, y con un poco de esfuerzo por ambas partes se puedan salvar.

Valora qué perderías y qué ganarías si te distanciaras de ese amigo con el que te están llevando mal ahora mismo.

### Modelo, escritora y activista sursudanesa

Cuando Alek era pequeña, su madre le repetía que las mujeres debían ayudarse entre ellas y tejer lazos de colaboración. Interiorizó aquel mensaje como un mantra que hoy sigue recitando. Mucho tiempo ha pasado desde que oía aquellas palabras en el poblado de la etnia dinka en Sudán del Sur. No tenían ni electricidad ni agua potable, pero a ella le gustaba la vida sencilla que llevaban. La guerra civil la dinamitó: Wek tuvo que huir con su familia a través del bosque, buscando comida y escondiéndose de los soldados hasta que llegaron a la capital, Jartum. Desde allí emigró como refugiada política a Londres, donde vivía su hermana. Allá hojeaba las revistas y cuando veía a las bellas modelos creía que no había hermosura en ella. Su madre decía que las diferencias eran bellas y que debían celebrarse. Opinó lo mismo que su progenitora un cazatalentos que la vio en un mercadillo. De la noche a la mañana se convirtió en una top model. Su físico auténtico, poco convencional y rotundo sacudió las pasarelas. Se convirtió en la primera modelo de color en protagonizar las portadas de las revistas femeninas más glamurosas. «En unos años pasé de ser una estadística sin nombre a uno de los rostros más conocidos del mundo», recuerda. Y lo que no olvida es que continúa habiendo números sin nombre en las estadísticas y persiste la necesidad de visibilizarlos. Ha sido embajadora de ACNUR (la agencia de la ONU para los refugiados) y su principal preocupación, entre las muchas causas que apoya, es la educación de las niñas en los países en vías de desarrollo. Está convencida de que eso, sumado a la solidaridad entre las mujeres, es el camino que hay que seguir para cambiar las cosas.

«Hablo con mujeres de todos los rincones de este planeta y encuentro belleza en todas y cada una de ellas.»

No la conoces. No es tu amiga del alma. Solo sabes que es una mujer. Tendrá experiencias similares a las tuyas, y si quieres luchar por alguna causa, seguramente en ella encontrarás tu mejor apoyo. Este sería, *grosso modo*, el principio de la sororidad, un movimiento que fomenta la solidaridad entre féminas tanto para hacerse la vida más grata unas a otras como para alcanzar objetivos comunes. Una de las promotoras de esta palabra, que aún no ha sido admitida por la Real Academia Española, es la antropóloga mexicana Marcela Lagarde, que consiguió que se incluyera «feminicidio» en el diccionario. Ella rescató este término, que ya había empleado Miguel de Unamuno, que proviene de *soror* (hermana en latín), y que ella define a grandes rasgos como «crear y sumar vínculos». Según este concepto, a las mujeres nos enseñan tradicionalmente a competir, lo cual nos hace más débiles, pues en estas circunstancias no contamos con el apoyo de las que mejor podrían entendernos. La sororidad, desde un punto de vista ético y político, acabaría con la competitividad femenina y uniría a las mujeres en la reivindicación de sus derechos.

La finalidad es obrar cambios que equilibren la balanza de la desigualdad con un propósito feminista. Más allá del objetivo final, sin embargo, la sororidad es una vivencia grata y alegre. Es lo que se experimenta cuando estás en un grupo de mujeres a las que tal vez acabas de conocer, pero con las que se establece una sensación de complicidad, de entendimiento, de solidaridad. Se acabaron las zancadillas, el tener que aparentar y los resquemores. Es como ir en zapatillas: cómodo, útil, familiar. Viene a ser un gineceo libre en el que todas se refuerzan y se comprenden. Poco importa la edad, el estamento social o la profesión: la sororidad apela a la condición de mujer.

Todas estas sensaciones se pueden circunscribir dentro de la sororidad o simplemente aprovecharlas cuando surgen, cuando una siente que el mundo deja de ser competitivo y que la comprensión les ha ganado el pulso a los prejuicios.

Enumera momentos en los que has recibido la ayuda desinteresada de otra mujer.

### Periodista y escritora
### estadounidense

Se consideraba feminista (es una de las voces más respetadas de la llamada tercera ola del feminismo), y cuando tuvo a sus dos hijos declaró que algo había cambiado en ella: se había convertido en feminista radical. El hecho de ser madre no la había convertido en una dócil y sonriente criatura, sino que la había llenado de rabia e indignación. Se había dado cuenta de que esto de procrear está muy mitificado y de que la información real, el respeto a la madre y las políticas de ayuda son inexistentes. Las ventajas de la maternidad eran poco menos que un cuento que les habían explicado a las madres primerizas como ella y que todas se habían tragado. Esta escritora, que había sido anoréxica y que había denunciado la esclavitud estética a la que se somete a las mujeres en su libro *El mito de la belleza* (1990), abordó la maternidad no desde la perspectiva del sentimiento que sus dos hijos le despertaron, sino desde la de cómo se sintió ella como mujer. Lo reflejó en el libro *Misconceptions: Truth, Lies, and the Unexpected on the Journey to Motherhood* (2001) («Conceptos erróneos: verdades, mentiras y lo inesperado en el viaje a la maternidad»), en el que se queja sin rubor de cómo su vida, que tanto le gustaba, se convirtió en un pequeño infierno cuando tomó la decisión de ser madre. Wolf habla de temas que en el año 2001 casi ni se tocaban y tuvo que aguantar un buen alud de críticas en las que la calificaban de egoísta. Sin embargo, con el tiempo cada vez hay más voces que la secundan y que entienden que «la madre» no puede acabar tragándose a «la mujer».

«Una madre que irradia amor propio
y autoaceptación está vacunando a su hija
contra una baja autoestima.»

Nos han vendido que una buena madre es la que se sacrifica por sus retoños, la que renuncia a sí misma por su bien, la que se quita el bocado de la boca para alimentarlos o la que deja su carrera profesional para criarlos. En el imaginario colectivo hay una peligrosa concepción de la maternidad que la une inseparablemente al sacrificio. Por tanto, muchas son las que creen que su forma de ser grandes progenitoras pasa por la renuncia y por ponerse completamente a disposición de sus hijos. Y eso solo se consigue de una forma: prescinciendo de muchos aspectos de la propia vida. Si no lo hacen, se sienten culpables. Si lo hacen, se aburren más que una ostra. Esto es una generalización y evidentemente habrá excepciones, pero lo que está claro es que resulta muy cansado navegar contra la corriente de una misma, negarse sentimientos y experiencias por ser madre. Eso tiene un coste para la autoestima que ninguna mujer debería pagar de forma no voluntaria. Contar con una madre no es disponer de una criada las veinticuatro horas del día. Es saber que tienes cerca a una persona con vida propia y para la cual eres importante. Partiendo de esta premisa es como las madres que cultivan su autoestima son capaces de transmitir esos valores a sus hijos.

Porque en la crianza hay muchas cosas que no se enseñan con palabras sino predicando con el ejemplo. Intuir que tu madre tiene una vida independiente de la tuya tal vez te provoque un ataque de celos y una pataleta a los cinco años, pero cuando seas mayor seguramente la respetarás más por ello y habrás aprendido una lección de la vida. Además, tal vez servirá para que no se perpetúen los roles de género que tanto nos tocan las narices. Pero lo más importante es que al menos la madre en cuestión habrá hecho lo que deseaba sin cortapisas y sin demasiados remordimientos.

Explica, sin mala conciencia, qué es lo que te gusta
y lo que no de ser madre.

> «Habría sido una madre terrible. Básicamente porque soy un ser humano egoísta. Aunque eso no ha impedido que la mayoría de la gente haya tenido hijos.»

## KATHARINE HEPBURN
### (1907-2003)

**Actriz estadounidense**

La pelirroja más independiente del cine clásico llevó una vida de lo más inusual para ser una estrella del celuloide: no asistía a los fiestones de la colina de Los Ángeles porque le aburrían soberanamente, decidió que la vida era más divertida sin marido (tras un matrimonio fallido y un apasionado romance de veintisiete años con Spencer Tracy, que estaba casado), y hasta el final de sus días practicó todo tipo de deportes. Esto último le venía de su padre, el urólogo Thomas Hepburn, que siempre había instado a sus seis hijos a llevar a cabo actividades físicas y a forzar sus límites. De su madre, una célebre sufragista, heredó la rebeldía y la independencia. Así pues, la intérprete fue una *rara avis* en Hollywood que triunfó de joven con hilarantes comedias y que en la madurez optó por prestigiosos dramas. Hasta la vejez guardó celosamente su vida privada, apenas concedió entrevistas e incluso se negó en redondo a firmar autógrafos. En los últimos años de su vida dejó de ser tan protectora de su intimidad y confesó a sus biógrafos la intensidad y la alegría con la que había vivido su existencia, cómo había disfrutado del sexo y por qué había decidido no ser madre. Katharine Hepburn se confesaba hedonista y algo egoísta, y si ya le costaba plantearse el matrimonio, el tema de la maternidad le sonaba a chino mandarín. Al ser la segunda de seis hermanos estaba convencida de que a su instinto maternal ya le había dado bastante rienda suelta cuidándolos y pensaba que esto para una vida era suficiente.

# PASAR DE LARGO
## POR LA MATERNIDAD

En los años veinte y treinta, una mujer que como Katharine Hepburn hubiera decidido voluntariamente no ser madre era tan difícil de encontrar como un unicornio. La sociedad consideraba incompleta la vida de una fémina si no se hallaba rodeada de mocosos llorones. Ni se planteaba que pudiera haber otra alternativa. Ahora nos vanagloriamos de que las cosas han cambiado, de que las mujeres somos libres para escoger la vida que queremos llevar y blablablá... pero la presión sigue estando ahí. Evidentemente, no es tan asfixiante como en tiempos pretéritos, pero seríamos muy optimistas si concluyéramos que ha desaparecido, que una mujer que decida ir por libre, sin crías bajo el brazo, no va a sentirse en algún momento de su vida cuestionada o mínimamente presionada. Lo más curioso es que todos los que le aconsejen ser madre estarán convencidos de que lo hacen por su bien (como si una no fuera capaz de escoger lo que más le conviene) y porque, de seguir en sus trece, «se arrepentiría». Se podría dedicar el espacio de este capítulo a enumerar las razones por las que algunas mujeres se abstienen de procrear para que las que decidan hacer lo mismo se sientan menos solas. Pero sería un ejercicio de justificación que las ubicaría en la postura a la que siempre se enfrentan: tener que explicar su elección. Por tanto, se aprovechará este espacio para analizar si realmente la maternidad es esa mítica portadora de felicidad inacabable a la que algunas deciden renunciar. Y no lo es. Los estudios lo demuestran. Quienes son padres y madres no se sienten más dichosos que las personas que no se reproducen. Un estudio realizado por la Universidad de Harvard (Estados Unidos) demostró que los progenitores son menos felices que los que no perpetúan la especie. Otra investigación realizada en Estados Unidos y Japón concluyó que la felicidad marital era menor entre los padres. Por tanto, tal vez no hace falta seguir vendiéndoles a las mujeres que no quieren ser madres lo maravillosa que es la experiencia que se están perdiendo.

Si has decidido no ser madre, enumera las cosas de tu vida que te gustan y que crees que te seguirán gustando dentro de unos años si todo sigue como hasta ahora.

# CHIMAMANDA NGOZI ADICHIE
## (1977)

### Escritora y activista nigeriana

Revolucionó el panorama literario nigeriano y mundial con sus primeras novelas. Después llegó su consagración como mito mediático con el libro *Todos deberíamos ser feministas* (2014). La firma Dior imprimió la frase en sus camisetas y Beyoncé sampleó la voz de la enyasista para un videoclip. La escritora, cuyas charlas TED cuentan con millones de visualizaciones, se ha erigido como la voz del feminismo y del antirracismo. Adichie no se queda en la superficie, ni siquiera cuando se trata de grandes causas, sino que aborda los matices, los micromachismos o los detalles xenófobos que a veces pasan inadvertidos. Por su experiencia personal, asegura que es más difícil combatir las injusticias de género que las de raza.

Cuando fue madre se planteó, de nuevo, todos los tópicos machistas que caminan a sus anchas por la sociedad. No quería caer en ellos y ansiaba dotar a su hija de una enseñanza igualitaria. Por ello escribió el libro *Querida Ijeawele. Cómo educar en el feminismo* (2017), que se ha convertido casi en una guía para progenitores que pretendan criar a sus hijos sin clichés de género. En quince puntos clave, la autora explica dónde flaquea la educación y cómo ponerle remedio. De todas formas, que el ejemplo de Chimamanda Ngozi Adichie no frustre a aquellos que dan un traspiés de vez en cuando en la perfecta educación igualitaria. La propia escritora reconoció en una entrevista que sus consejos le parecieron mucho más fáciles de aplicar al escribirlos que cuando tuvo que llevarlos a la práctica.

**«Lo peor que les hacemos a los niños es dejarlos con un ego muy frágil. Cuanto más fuertes se sienten obligados a ser, más debilitados quedan. Y a las niñas, las criamos para que estén al servicio de esos frágiles egos masculinos.»**

# MÁS ALLÁ DEL ROSA
# Y DEL AZUL

La educación, a lo largo de la historia, ha recaído en las madres. Nuestras antepasadas han tenido que cargar con las culpas de los fallos de sus hijos en la edad adulta: o con la excusa de haberlos consentido demasiado, o con la de no haberles enseñado a protegerse o con la que se le pudiera ocurrir a cualquiera con intención de culpabilizarlas. Hubo un tiempo, incluso, que se creía que los pensamientos de las embarazadas podían provocar malformaciones en el bebé. Ridículo pero cierto. Por tanto, durante siglos, educar a los hijos ha supuesto ser juzgada constantemente y por todo. El feminismo también se ha subido al carro de las críticas y ha acusado a las mujeres de ser las que han perpetuado las desigualdades de género, pues eran las encargadas de la educación. Ahora, sin embargo, deberíamos relajarnos un poco y ver la posibilidad de criar a los hijos con valores igualitarios como una aventura y no como una nueva fuente de tensiones. La propia Chimamanda Ngozi Adichie reconoce que no es sencillo, y si lo dice ella, que es la abanderada del nuevo feminismo, podemos tranquilizarnos un poco y limitarnos a abordar la cuestión con sentido común. Los consejos que ofrece la escritora nigeriana son tan básicos como abstractos, y la forma de llevarlos a la práctica dependerá de cada cual. La autora propone que a las niñas no se les enseñe a intentar agradar a los demás, ni a buscar constantemente la aprobación, sino a estar orgullosas de ellas mismas. Para los niños recomienda no obligarles a demostrar su fuerza y ocultar sus sentimientos. Presionar a los pequeños para que construyan un ego que siempre estará por encima de sus posibilidades y cuyas carencias se pasarán la vida ocultando es una vía rápida hacia la repetición de los mismos errores del pasado. Y a partir de ahí, las cosas básicas: no decirles nunca que no pueden hacer algo porque son niño o niña y fomentar la dignidad por encima del victimismo.

Apunta tres actitudes tuyas a través de las cuales
tu hijo o hija conseguirá entender la igualdad.

## MARIA MONTESSORI
## (1870-1952)

### Médica, psiquiatra, bióloga, antropóloga y filósofa italiana

El método Montessori revolucionó la enseñanza, se desmarcó de la costumbre de imponer férreas normas y drásticos castigos y abrió nuevas formas de conocimiento a través del juego, la experimentación y sobre todo el cariño. A tenor de estos hechos, parece que Maria Montessori debería haber sido una madre increíble, la que cualquier hijo desearía tener y la que cualquier mujer anhelaría emular. Sin afán de juzgarla, se podría decir que más bien no fue así y que su vástago, Mario Montessori, nunca llegó a beneficiarse de sus descubrimientos pedagógicos.

La primera mujer italiana en licenciarse en Medicina mantuvo un tormentoso y apasionado romance con un poderoso profesor de psiquiatría, Giuseppe Montesano, del que nació Mario. Presionada por su familia y la de su amante, entregó el niño a una nodriza. Ella lo visitaba, pero nunca le reveló que era la autora de sus días. Después lo mandó a un internado, y cuando tenía quince años, el chaval, harto ya de tanto misterio, le espetó que tenía claro que era su madre. Ella no lo negó y a partir de entonces lo presentó como su sobrino o su hijo adoptivo. Mario Montessori se convirtió en su brazo derecho y le ayudó a crear las escuelas en las que se aplicaba su método. Cuando fueron expulsados de Italia por no permitir que Mussolini empleara su método pedagógico para adoctrinar a la infancia, vivieron en Barcelona y en la India. Él siempre estuvo a su lado, junto a su mujer y sus cuatro hijos. Tras la guerra, los Montessori se instalaron en Holanda, desde donde gestionaron la instauración del método Montessori en el mundo.

«La mayor señal del éxito de un profesor es poder decir: ahora los niños trabajan como si yo no existiera.»

Los padres abordan la crianza de sus hijos en un plano teórico, con grandes expectativas e igual número de tensiones. Se han impuesto conseguir un ciudadano que, además de no acabar dando con sus huesos en la cárcel, sea capaz, si así lo desea, de inventar la vacuna contra el cáncer. Y para cumplir con tan encomiable misión, tienen que empezar a adoptar medidas desde que nace. Ironías aparte, la presión a la que están sometidos los padres a la hora de educar a sus hijos es en muchas ocasiones desmedida y en la mayoría de los casos, poco práctica. Una intenta decidir cuestiones como cuánto tiempo dormirá su hijo en la cama de los padres, cuándo le sacará el chupete, a qué tipo de escuela lo llevará, qué clase de actividades extraescolares le prepararán mejor... y todas esas decisiones suponen una presión añadida. «¿Me estaré equivocando?» o «¿Por qué esto no está saliendo como imaginaba?», se preguntan, atormentadas, algunas madres en la era de la sobreinformación. Y su incertidumbre la agravan la opinión y los sermones de otras progenitoras, que parecen no haberse hecho nunca esas preguntas y haber dado con la fórmula perfecta para su hijo y para generar dudas en las demás madres.

Por eso resulta tan paradójico el caso de Maria Montessori, que creó un método revolucionario para educar a los niños y que se abstuvo de aplicarlo con el suyo. Y el resultado fue muy similar al que obtuvieron los infantes que siguieron sus enseñanzas pedagógicas: un hijo que quiso a su madre pese a los problemas que tuvieron, que se sacó sus estudios y que vivió su vida como buenamente pudo, como cualquier hijo de vecino. Con esto no se quiere poner en duda la eficacia del método Montessori, que es innegable, pero sí quitarle un poco de hierro a la cuestión de la educación. Dejemos de pensar en fórmulas magistrales de crianza y vayámonos adaptando a las que resultan más fáciles tanto para el niño como para la familia.

Enumera los aspectos que más te preocupan de la educación de tu hijo y analiza si son realmente tan básicos.

Actriz, dramaturga, cantante
y guionista estadounidense

> «Si hubiera querido una familia,
> me habría comprado un perro.»

Procaz, deslenguada, atrevida... son adjetivos que se quedan escuálidos a la hora de definir a Mary Jane West, una actriz de lengua vitriólica que se construyó para sí un papel de mujer provocativa, directa e ingeniosa. Era una chica mala, pero no de esas que seducen a los hombres ronroneando para conseguir lo que desean, sino de las que los utilizan sin disimulo. La vida de la intérprete pivotó, dentro y fuera de los escenarios y platós, alrededor de ese personaje incontestable e ingeniosamente amoral. En 1927 fue detenida por «corromper a la juventud» con su obra teatral *Sex*, en la que daba vida a una prostituta. Renunció a pagar la multa y prefirió pasar diez días en la cárcel. Fue una artimaña publicitaria: se presentó a cumplir la condena en una limusina llena de rosas y declaró a los periodistas que le daba igual qué ropa tuviera que vestir, pues llevaba lencería de seda. Aterrizó en Hollywood con un contrato para la Paramount: tenía cuarenta años y un físico a años luz de la típica vecinita de al lado que tanto se estilaba. Pero los cambios que proponía en los diálogos resultaban tan brillantes y rompedores que se convirtió en una de las actrices mejor pagadas. Cuando las normativas se volvieron mas moralistas en Hollywood regresó al teatro. Nunca ocultó su vida sexual, de la que hizo bandera. Sin embargo, lo que sí escondió es un matrimonio que había contraído de joven y sobre el que sus biógrafos no acaban de ponerse de acuerdo. Al revés que para el resto de sus coetáneas, para ella era una vergüenza reconocer que en algún momento de su vida creyó en la pareja.

La presión que la sociedad ejerce para que las mujeres sean madres no se queda ahí. Esa es la punta de un iceberg que debe reposar en una relación de pareja, preferiblemente «con un buen chico» y tan duradera como los tiempos que corren lo permitan. Solteras y no madres soportan una reacción social similar y demoledora: la condescendencia. Un desprecio disfrazado de pena, una falsa comprensión en la que la lástima sustituye a la empatía, el sentimiento de felicidad que surge, al compararse con la mujer sin hijos, por lo que una tiene y considera que le falta a la otra. Porque provoca una tristeza impostada que esa amiga no haya encontrado un chico con el que ser feliz y fundar una familia. Y cuando tú eres esa amiga, da rabia que alguien se arrogue el derecho de mirar tu vida con gafas de compasión. Lo peor es que esos consejos están tan bien presentados como bienintencionados que castran lo que sería la respuesta lógica en estos casos: la rebeldía.

Resulta curioso que exista preocupación por que una fémina no tenga pareja ni plan de fundar una familia y que, en cambio, no nos inquiete del mismo modo que otra sea una redomada desgraciada al lado de un gañán o rodeada de churumbeles a los que por momentos entran unas ganas terribles de colocarles una camisa de fuerza. Con ambas mujeres se comete una injusticia: con la primera al pensar que no ha elegido ella, o, aún peor, que carece de virtudes para que alguien la escoja; con la segunda cuando se le recrimina que ha decidido mal, aunque por lo menos no se le quita el mérito de haberlo hecho.

Hay mujeres que quieren estar solas. Que son felices así. Que no necesitan plantar árboles, escribir libros y ni por asomo tener hijos. Tampoco pasearse con un hombre cogida del brazo. Y tanto si eres una de ellas como si tienes una amiga que ha decidido serlo, estaría bien que todos hiciéramos un esfuerzo para dejar de juzgar opciones de vida.

**Enumera tres cosas que se hacen mucho mejor sin pareja ni hijos.**

# BIBLIOGRAFÍA

Millet, Catherine, *La vida secreta de Catherine M*, Barcelona, Editorial Anagrama, 2016.

Youngs, T., William, J., *Eleanor Roosevelt. La feminista que cambió el mundo*, Barcelona, Libros de Vanguardia, 2015.

De Beauvoir, Simone, *El segundo sexo*, Barcelona, Cátedra, 2005.

Rowling, J. K., *Vivir bien la vida*, Barcelona, Salamandra, 2015.

Sandberg, Sheryl, *Vayamos adelante. Las mujeres, el trabajo y la voluntad de liderar*, Barcelona, Conecta, 2013.

Fallaci, Oriana, *Entrevista con la Historia*, Noguer y Caralt, 1986.

Atwood, Margaret, *La maldición de Eva*, Barcelona, Lumen, 2006.

Spoto, Donald, *Marlene Dietrich. El ángel azul*, Barcelona, Ediciones B, 1992.

Gay, Roxane, *Mala feminista*, Madrid, Capitán Swing, 2016.

Wolf, Naomi, *Misconceptions: Truth, Lies, and the Unexpected on the Journey to Motherhood*, Nueva York, Doubleday, 2001.

Ngozi Adichie, Chimmanda, *Querida Ijeawele. Cómo educar en el feminismo*, Barcelona, Literatura Random House, 2017.

## ESTUDIOS

Murray-Close, Marta; Heggeness, Misty L., «Manning up and womaning down: How husbands and wives report their earnings when she earns more», Oficina del Censo de Estados Unidos.

«Agresiones sexuales. Cómo se viven, cómo se entienden y cómo se atienden», Servicio Central de Publicaciones del Gobierno Vasco, 2011.

# BIOGRAFÍA DE LAS AUTORAS

**Marga Durá** es licenciada en Ciencias de la Información. Ha colaborado en diferentes medios de comunicación, como el *Magazine* de *La Vanguardia*, *Vanity Fair*, *Yorokobu*, *O Magazine*, *Yo Dona* o *El Confidencial*, y ha realizado varios documentales de temática social. Después de varios años ocupando el puesto de redactora jefa en la revista *Men's Health*, ha vuelto al periodismo de calle. También es autora de *Guía para madres rebeldes*.

**Coco Escribano** estudió Bellas Artes en Cuenca, esa pequeña ciudad donde se instaló la vanguardia española en los sesenta y se inauguró el primer Museo de Arte Abstracto de España. Coco Escribano diversifica su obra en distintos campos: por un lado, su trabajo personal, que suele mostrar en proyectos expositivos, y, por otro lado, su faceta como ilustradora. La obra de Coco se caracteriza por un estilo naíf lleno de color donde la figura femenina es la protagonista.